Am Himmel steht ein heller Stern

Weihnachtserzählungen zum Lesen und Vorlesen

herausgegeben von Cornelia Mack

BRUNNEN

VERLAG GIESSEN · BASEL

Die deutsche Bibliothek – CIP-Einheitsaufnahme

Am Himmel steht ein heller Stern:
Weihnachtsgeschichten zum Lesen und Vorlesen /
hrsg. von Cornelia Mack. –
Giessen; Basel: Brunnen-Verl., 1997
ISBN 3-7655-6580-6

© 1997 Brunnen Verlag Gießen
Illustrationen und Umschlagmotiv: Monika Mulzer-Adam
Umschlaggestaltung: Ralf Simon
Satz: Typostudio Rücker, Langgöns
Herstellung: Ebner Ulm
ISBN 3-7655-6580-6

Inhalt

Vorwort   5

JENNY ROBERTSON
Der König im Stall   7

ANGELA ELWELL HUNT
Der Traum der drei Bäume   22

JELLA LEPMANN
David und die Weihnachtsgeschichte   27

KAY KINNEAR
Anna-Magdalena bekommt eine Krone   34

MARYLYN TURCOTTE
Als Mama die Weihnachtsstimmung verlor   41

WALTER FARQUAHARSON
Ninas große Frage   50

LISELOTTE HOFFMANN
Das vergessene Jesuskind   58

EVA RECHLIN
Die Weihnachtsburg   66

3

CHRISTA STEEGE
Nikolaus, der Bischof von Myra   75

MIG HOLDER
Die weite Reise   82

LENE MAYER-KUMANZ
Der kleine Hirte und der große Räuber   91

BARBARA CRATZIUS
Vom Hirten, der nicht mit nach Bethlehem ging   96

ARTHUR SCHOLEY
Babuschka   103

MIG HOLDER NACH LEO TOLSTOI
Ein großer Tag für Vater Martin   113

Vorwort

Advents- und Weihnachtszeit – da denken wir an Adventskranz und Tannenbaum, Hirten, Könige und Engel und an ein Kind in einer Futterkrippe bei Esel und Ochse. Vielleicht noch an Schneemänner und Weihnachtsplätzchen.

Aber was hat Weihnachten damit zu tun, wenn ein Baum träumt? Oder wer hat schon mal etwas von der Weihnachtsburg gehört? Was hat ein Räuber an der Krippe zu suchen? Und was soll man tun, wenn ausgerechnet am Heiligen Abend die Weihnachtsstimmung verloren geht? Wo kann man sie wiederfinden?

Das alles und noch vieles mehr ist in diesem Buch zu erfahren. Die hier gesammelten Geschichten erzählen von Weihnachten, was es damals bedeutete und wie es heute für Kinder und Erwachsene wichtig werden kann. Weihnachtsfreude finden, Versöhnung erleben, dankbar werden und das Wichtigste des Weihnachtsfestes entdecken – wie das geht, ist in den Erzählungen dieses Buches wunderschön nachempfunden.

Geschichten aus alter und neuer Zeit, Geschichten von der Familie an der Krippe und von heutigen Familien, Geschichten von Tieren, Räubern und Kindern – gesammelt und zusammengestellt speziell für Kinder im Vorschul- und Schulalter.

Kaum eine Zeit im Jahr eignet sich so sehr zum Vorlesen wie gerade die Advents- und Weihnachtszeit. Gemütlich ein paar Minuten am Tag am Adventskranz zusammensitzen, ein Lied singen, ein Gebet sprechen, eine Geschichte hören, das sind Chancen, die wir uns als Eltern nicht entgehen lassen sollten. Solche bewusst gestalteten Zeiten lassen uns zur Ruhe kommen und helfen uns als Familien zur Besinnung, zum Auftanken und dazu, neue Kraft zu schöpfen. Die Geschichten dieses Vorlesebandes eignen sich hervorragend, solche Zeiten mit Inhalt zu füllen und Kindern weihnachtliche Themen nahezubringen. In kindgerechter Sprache und liebevollem Stil antworten die Erzählungen auf Fragen der Kinder und führen zugleich in die zentrale Bedeutung des Weihnachtsgeschehens ein.

Übrigens: Schon mancher Erwachsene hat durch die einfache und klare Form von Kindergeschichten wieder neu begriffen, was die Ereignisse der Bibel auch mit ihm und seinem Leben zu tun haben können.

So kann dieser Lese- und Vorleseband auf vielerlei Weise dazu helfen, dass Weihnachten in Ihren Familien neu lebendig wird und neu erlebt wird. Ich wünsche Ihnen – auch durch dieses Buch – neue Zugänge zu diesem so einmaligen und zugleich so weltverändernden Ereignis, das damals im Stall von Bethlehem geschehen ist und das bis heute Bedeutung und Wirkung hat, unser Leben verändern und neu orientieren kann. In diesem Sinn wünsche ich Ihnen viel Freude mit diesem Buch und eine reich gefüllte und erfüllte Advents- und Weihnachtszeit.

Cornelia Mack

JENNY ROBERTSON

Der König im Stall

Es wird Nacht in Bethlehem. Die Menschen sind in ihren Häusern hinter den schützenden Mauern. Bethlehem ist eine alte Stadt, viele hundert Jahre alt. Nach dem Hirtenjungen David, der in Bethlehem geboren wurde und der dann ein so mächtiger König geworden war, nannte man die Stadt auch manchmal „Davids Stadt".

Sie war schon etwas Besonderes, diese Stadt mit ihren weißen Mauern. Gott selbst hatte von ihr gesprochen. Er hatte seinen Propheten sagen lassen: „Du Bethlehem bist zwar die kleinste von allen Städten in diesem Lande, aber in dir wird einmal ein König geboren werden. Eine junge Frau wird hier ihr erstes Kind zur Welt bringen. Dieses Kind wird der mächtigste aller Könige sein. Er wird mein Volk führen und alle seine Wunden heilen. Die ganze Erde wird sein Königreich sein."

Die Menschen in Bethlehem warten auf die Geburt dieses Königs.

Golden scheint der Mond auf die Dächer Jerusalems. Jerusalem ist die Hauptstadt des Landes und liegt nicht weit entfernt von Bethlehem. Während sich die armen Leute in den engen Gassen drängen, kann ihr König Herodes in seinem herrlichen Palast spazieren gehen. Herodes weiß, dass er von diesem Volk nicht geliebt wird. Alle hassen ihn, obwohl er ihnen einen so prächtigen Tempel hat bauen lassen. In diesem Tempel bitten sie Gott, dass der König bald kommen soll, der ihnen von Gott versprochen wurde, um sie endlich zu befreien.

Herodes weiß ganz genau, wie aufmerksam die Menschen dieses Volkes hinhören, wenn die Priester ihre großen alten Schriftrollen zur Hand nehmen, um daraus vorzulesen, was Gott seinem Volk versprochen hat. Er selbst glaubt nicht, dass Gottes Versprechungen in Erfüllung gehen. König Herodes ist hier eigentlich ein Fremder, denn er kommt aus einem Land weiter im Süden. Aber er ist auf die Zuneigung und Liebe seines Volkes angewiesen; und nur aus diesem Grunde hat er von vielen tausend Arbeitern den wunderschönen Tempel bauen lassen.

Aus der ganzen Welt kommen nun Menschen hierher, um zu Gott zu beten. Sie bitten, dass Gott ihnen alles Böse vergibt, was sie getan haben. Und sie opfern Schafe und Kälber, damit Gott sieht, wie ernst es ihnen ist.

Das Brüllen und Blöken der Opfertiere vermischt sich mit den Gesängen der Menschen. Ihre Herzen sind voller Sehnsucht nach dem versprochenen König. Sie warten auf den Tag, an dem ihr von Gott versprochener König regieren, ihr Land befreien und den Menschen Glück und Frieden bringen wird. Sie lieben Gott und beten ihn an, obwohl sie ihn nicht gesehen haben.

Priester in ihren langen Gewändern haben sich im Tempelhof versammelt. Der alte Priester Zacharias wird ausgewählt, in den heiligen Raum des Tempels zu gehen. Zacharias liebt Gott und voll dankbarer Freude geht er in diesen Raum, den nur die Priester betreten dürfen, weil Gott hier wohnt.

Es ist ganz still in diesem heiligen Raum des Tempels. Nichts ist mehr von dem Lärm und der Unruhe des Tempelhofes zu hören.

Zacharias beobachtet andächtig das Verglühen des Weihrauchs, dann fällt er auf seine Knie und betet. Da plötzlich, im Dämmerlicht des verglühenden Feuers, sieht er vor sich eine Gestalt. Es ist ein Engel, ein Bote Gottes.

„Hab keine Angst, Zacharias!", sagt der Engel zu ihm. „Gott hat deine Gebete erhört. Deine Frau Elisabeth wird einen Sohn bekommen. Er soll Johannes heißen. Bald wird der von Gott versprochene König herrschen und dein Sohn soll vor ihm hergehen und überall sagen, dass der König kommt."

Verwundert sieht Zacharias auf. „Ich bin ein alter Mann und meine Frau ist auch sehr alt. Wie sollen wir alten Leute noch ein Kind bekommen?"

Da antwortet ihm der Engel: „Gott selbst hat mich mit dieser Botschaft zu dir geschickt, Zacharias. Wie kannst du daran zweifeln, dass ich die Wahrheit sage! Du sollst aber einen Beweis haben: Bis sich das Versprechen Gottes erfüllt hat, wirst du nicht mehr sprechen können."

Zitternd hebt der Priester seine Hände, will noch etwas sagen –, aber er kann kein einziges Wort hervorbringen.

Zacharias bleibt stumm. Dann wird sein Sohn geboren. „Was für ein Wunder!", rufen die Verwandten und

Freunde, die aus dem Staunen gar nicht herauskommen. „Zacharias und Elisabeth sind so alt, dass sie längst Großeltern sein könnten. Und jetzt bekommen sie selbst noch ein Kind." Alle meinen: „Natürlich wird euer Sohn Zacharias heißen."

Aber ganz entschieden sagt Elisabeth: „Nein! Wir werden ihn Johannes nennen."

„Das kannst du doch nicht tun", widersprechen ihr die Leute. „Niemand in eurer Familie heißt so!"

Da lässt sich Zacharias eine Tafel geben und schreibt mit großen, deutlichen Buchstaben: „Er heißt Johannes!"

Von diesem Augenblick an kann Zacharias wieder sprechen. Er ist glücklich und betet laut: „Gott, du bist so gut zu uns. Du hast dein Volk nicht vergessen. Du sendest uns deinen starken Retter, wie du es versprochen hast."

Dann nimmt Zacharias seinen kleinen Sohn in die Arme. „Und du, mein Junge", sagt er, „du wirst unseren König ankündigen. Du sollst sein Kommen vorbereiten und allen Menschen sagen, dass ihnen ihre Sünden vergeben werden. Der König kommt zu uns wie das Licht nach einer langen Finsternis. Dieser König, der uns schon von Anfang an versprochen war, bringt Licht für alle, die in der Finsternis leben. Er wird uns an die Hand nehmen und auf den Weg des Friedens führen."

Weit von Jerusalem entfernt liegt die kleine Stadt Nazareth in Galiläa. Dort lebt Maria, ein junges Mädchen. Sie ist mit Elisabeth – der Frau des Zacharias – verwandt.

Die Leute aus Nazareth werden in Jerusalem immer ein wenig belächelt. „Aus Nazareth kann nichts Gutes kommen", spottet man. Aber darum kümmert sich Maria nicht.

Auch Josef, der Zimmermann, ist in Nazareth aufgewachsen und lebt in dieser Stadt. Geboren aber ist er in Bethlehem; denn er gehört zu den Nachkommen von König David.

Josef und Maria haben sich lieb und wollen bald heiraten. Maria freut sich schon darauf, Josefs Frau zu werden und Kinder zu bekommen, für die sie sorgen und die sie liebhaben kann.

Maria dreht den schweren Stein, um das Korn so fein zu zerreiben, dass von dem Mehl das Brot für ihre Familie gebacken werden kann. Sie denkt dabei an Josef und an ihre Hochzeit.

Da plötzlich hört sie eine Stimme, wie sie noch niemals vorher eine gehört hat.

„Maria", sagt diese Stimme, „Gott ist mit dir! Du bist von ihm unter allen Frauen dieser Welt für etwas ganz Herrliches erwählt worden."

Verwirrt und ängstlich sieht Maria den Engel an, der zu ihr gekommen ist. „Fürchte dich nicht, Maria!", sagt der Engel. „Du wirst einen Sohn bekommen, den sollst du Jesus nennen! Er wird der Retter deines Volkes sein."

„Wie kann ich ein Kind bekommen, wo ich doch gar nicht verheiratet bin und keinen Mann habe?", fragt Maria.

„Gottes Heiliger Geist wird das Kind in dir wachsen

lassen. Dein Kind wird Gottes eigener Sohn sein", erwidert ihr der Engel.

Maria kann das nicht verstehen, aber sie antwortet: Lass alles so geschehen, wie du gesagt hast."

Dann ist sie wieder allein. Der Bote Gottes ist gegangen, aber Gottes Worte bleiben. Diese Worte werden Marias Leben, ja das Leben der ganzen Welt verändern.

Maria ist glücklich: Sie soll den Sohn Gottes zur Welt bringen. Sie hat aber auch Angst. „Was wird Josef zu all dem sagen?", fragt sie sich. „Wird er mich überhaupt noch heiraten wollen? Was werden meine Eltern, meine Verwandten, alle meine Freunde sagen? Wie wird man in Nazareth über mich reden?"

Da muss sie an ihre Verwandte Elisabeth denken. „Ich muss unbedingt mit Elisabeth darüber sprechen", denkt Maria, „sie wird bestimmt alles verstehen."

Maria hat Recht gehabt mit ihrer Sorge. Josef kann einfach nicht begreifen, was da geschehen ist. Tag und Nacht beschäftigt ihn die Frage: „Ich dachte, Maria liebt mich. Aber wie kann ich sie denn heiraten, wenn sie ein Kind bekommt?" Und wenn er nach schlaflosen Nächten aufsteht, fühlt er sich ratloser als am Abend vorher. Endlich entscheidet sich Josef: „Ich werde Maria nicht heiraten!"

Als er in dieser Nacht in seinem Bett liegt, erscheint ihm im Traum ein Bote Gottes. „Josef", so redet der Engel ihn an, „mach dir keine Sorgen! Heirate Maria! Es ist Gottes Heiliger Geist, der das Kind in Maria geschaffen hat. Maria wird einen Sohn bekommen. Ihm sollst du den Namen ‚Jesus‘ geben, denn er wird die Menschen von ihrer Schuld befreien.“

Josef spürt eine leichte Hand auf seinem Kopf und er atmet im Schlaf tief und befreit auf. Nach langer Zeit kann er wieder ruhig und fest bis zum Morgen schlafen.

Und am nächsten Morgen erklärt er seinen Eltern und Verwandten: „Ich werde Maria heiraten.“

Gleich nachdem Maria aus Jerusalem zurückgekommen ist, heiraten Josef und Maria.

Natürlich reden die Leute in Nazareth von dieser Hochzeit. Doch andere Neuigkeiten sind inzwischen wichtiger geworden: „Der Kaiser in Rom hat befohlen, dass alle Menschen in seinem Reich in Steuerlisten erfasst werden.“

Die Leute stehen zusammen, schimpfen und reden aufgeregt miteinander. „Jeder soll in seine Heimatstadt gehen und sich dort eintragen lassen.“

„Was soll das bloß wieder bedeuten?“ Ärgerlich schütteln die Leute ihre Köpfe.

Als Maria vom Brunnen zurückkommt, hört sie schon von weitem das Hämmern in Josefs Werkstatt. Aber gleich, als Maria die Werkstatt betritt, merkt sie, dass Josef mit seinen Gedanken nicht bei der Arbeit ist. Und da sagt er auch schon: „Maria, wir müssen auf eine lange Reise gehen.“

Maria setzt ihren schweren Wasserkrug ab.

„Ist es wegen der Volkszählung?“, fragt sie. „Müssen wir uns auch eintragen lassen?“

Josef nickt. „Ja, ich muss nach Bethlehem gehen, weil ich zu den Nachkommen von König David gehöre. Mir macht das ja nicht viel aus. Aber wegen dir mache ich mir Sorgen. Eine so lange Reise, jetzt, wo bald das Kind geboren werden soll!"

Aber Maria lächelt: „Ich werde es schon schaffen ...!"

Maria packt alle notwendigen Sachen zusammen und dann beginnt ihre lange, beschwerliche Reise. Nachts wickeln sie sich in warme Decken und legen sich zum Schlafen auf den Boden, dicht neben das Feuer. So können sie sich wärmen und die Wölfe und andere wilde Tiere werden abgeschreckt. Ab und zu betrachtet Josef sorgenvoll Maria. Aber zu seinem Erstaunen sieht er, dass Maria lächelt, während das geduldige Maultier sie stolpernd über die staubige Landstraße trägt. Glücklich sagt Maria: „Es ist ein so herrliches Gefühl, wenn man merkt, dass das Baby lebt."

„Aber wir haben noch so einen weiten Weg vor uns!", seufzt Josef.

Doch Maria meint zuversichtlich: „Gott wird uns nicht verlassen!"

Endlich erreichen sie Bethlehem. Durch die engen Gassen der Stadt drängt und schiebt sich unaufhörlich die Menschenmenge. Keiner von all diesen Menschen nimmt Rücksicht auf die völlig erschöpfte Maria, die hin und her gestoßen wird. Auf jedem Platz, in jeder Straße, in jedem Winkel dieser kleinen Stadt sind die Fremden.

Schließlich finden Maria und Josef das Gasthaus. Aber der Wirt lässt sie gar nicht eintreten. „Wir haben kein Zimmer mehr!"

Verzweifelt bittet ihn Josef: „Gibt es nicht irgendeinen Platz für uns, an dem wir in dieser Nacht bleiben können?"

„Dort drüben", erklärt ihnen da der Wirt, „ist eine Höhle, die wir als Stall für unser Vieh benutzen. Mehr kann ich wirklich nicht für euch tun. Noch niemals habe ich hier solch einen Andrang erlebt!"

Im Stall bei den Tieren wird dann das Kind geboren. Zärtlich nimmt Maria es in ihre Arme, wäscht es und wickelt es in Windeln. Sie legen das Kind in einen Futtertrog, den sie vorher mit frischem, trockenem Heu ausgepolstert haben. Glücklich betrachtet Maria ihr schlafendes Kind.

Draußen, vor den Toren der Stadt, drängen sich die Hirten müde und frierend um das Feuer. Weiß scheint der Mond auf die Herden.

Einige Tiere laufen noch immer unruhig blökend hin und her. Ganz in der Ferne, in den Bergen, heult ein Wolf. Ein kalter, heftiger Wind fährt in das dichte Fell des kleinen Schafes, das die Hirten an ihr Feuer genommen haben.

„Michael, spiel uns etwas", bitten die Hirten. Und der junge Hirte bläst auf seiner Flöte ein wunderschönes, sanftes Lied. Weit in das Tal, bis an die weißen Mauern Bethlehems, trägt der Wind die Klänge der Hirtenflöte.

Da erscheint auf einmal am Himmel ein strahlend helles Licht. Die Hirten starren gebannt zum Himmel. Das Licht kommt näher, immer näher, und jetzt nimmt es Gestalt an: die Gestalt eines Mannes voller Hoheit und

Glanz. Er hat weder eine goldene Krone auf dem Kopf noch trägt er irgendwelche Juwelen –, und doch ist die ganze Gestalt von einem solchen Licht umstrahlt, wie es alle funkelnden Diamanten dieser Welt nicht hervorbringen könnten. Die Hirten erschrecken.

„Fürchtet euch nicht!", spricht er zu ihnen mit einer Stimme, die schöner klingt als die herrlichsten Gesänge im Tempel.

Mit ernstem Gesicht und doch voller Fröhlichkeit spricht der Engel: „Ich will euch eine große Freude verkünden. Heute ist in Bethlehem euer Heiland geboren. Ihr werdet das von Gott versprochene Kind in einem Stall finden. Dort liegt es in einer Futterkrippe."

Und mit einem Mal umschweben unzählige singende und jauchzende Engel die Hirten. Für menschliche Augen ist all dies beinahe nicht mehr zu ertragen, aber die Hirten können einfach nicht wegsehen. „Ehre sei Gott in der Höhe", singen die Engel, „und Friede auf Erden bei den Menschen, die Gott lieben ..."

Die Hirten achten nicht auf sich und nicht auf ihre Umgebung: Es gibt für sie nur noch dies eine Wunder der Anbetung Gottes.

„Wie wunderschön sie gesungen haben!", murmelt der Hirtenjunge andächtig. „Ehre sei Gott in der Höhe und Friede auf Erde ..."

„... für die Menschen", fällt ihm der ältere Hirte ins Wort, „die Gott lieben. – Kommt, wir wollen schnell nach Bethlehem gehen, damit wir mit eigenen Augen sehen, was uns der Engel gesagt hat."

Bald finden die Hirten die Höhle in Bethlehem. Noch

ganz erfüllt von dem Wunder, das sie eben erlebt haben, betreten sie den Stall.

„Ist hier vor wenigen Stunden ein Kind geboren worden? Ein Engel hat uns die Botschaft von der Geburt unseres Erlösers gebracht."

Josef holt die Lampe. Ihr schwaches, trübes Licht fällt auf das Kind in Marias Armen. Staunend und bewegt von all dem vorher gesehenen Glanz, sehen die Hirten auf das Kind. „In einer Futterkrippe! So, wie der Engel es gesagt hat", flüstert einer von ihnen.

Ganz leise sagt der junge Hirte: „Vom Himmel selbst kam die Musik für dieses Kind. Und doch liegt es hier in dieser dunklen Höhle."

Und die anderen sagen: „Ja, wir müssen allen erzählen, was wir gesehen haben!"

Noch jemand sollte sich über diesen König wundern. Weise, gelehrte Männer haben eine sehr weite Reise gewagt, um den neugeborenen König zu sehen.

Immer auf der Spur der alten Handelswege, müssen sie Wüsten und öde, menschenleere Gegenden durchqueren. Und weil ein Stern ihr Wegweiser ist, können sie nur in der Nacht reisen. Wenn sie sich müde neben ihren Kamelen zum Schlaf niederlegen, erinnern sie sich: „Wir haben gesehen, wie der Stern am Himmel erschienen ist. Da mussten wir einfach unsere schönen Städte und unsere Gelehrtenstuben verlassen. Alle Mühen und Plagen der Reise sind vergessen, wenn wir nachts den Stern über uns glänzen sehen. Dieser Stern ist nämlich das Zeichen, dass der Retter für alle Menschen, der große Friedenskönig, geboren wurde; so wie es schon vor langen Zeiten vorausgesagt worden ist."

„Und weil uns der Stern nach Jerusalem führt", meint da einer der Weisen, „wollen wir dort den König Herodes fragen, wo das Kind geboren wurde. Aber der neue König wird viel größer und mächtiger sein als Herodes."

So kommen die weisen Männer zu Herodes. Aber der weiß nichts von der Geburt eines Königs. „Ist es möglich, dass wir uns geirrt haben? Sollten wir einem falschen Stern gefolgt sein?", fragen sich die Weisen beunruhigt.

Aber auch Herodes ist außer sich und mit ihm die führenden Männer in Jerusalem. Wütend und aufgebracht schreit Herodes: „Immer erzählen mir die Leute von dem kommenden König. Alles Unsinn! Ich allein bin der König! Holt mir die Priester!"

Nachdem die Priester in den Palast gekommen sind, fragt er sie: „Wo soll eigentlich der von Gott versprochene König geboren werden?"

„In Bethlehem", antworten die Priester, die sich zwar ehrfurchtsvoll vor Herodes verbeugen, ihn aber in ihren Herzen verachten. Jedes Kind kennt doch Gottes Versprechen: „Du kleine Stadt Bethlehem, aus dir soll der König kommen, der mein Volk führen wird."

„Also geht nach Bethlehem", fordert Herodes die weisen Männer auf. „Findet alles heraus, was ihr über das Kind erfahren könnt. Ich will alles wissen, damit auch ich das Kind ehren und ihm Geschenke bringen kann."

Tief verneigen sich die Weisen vor dem König und gehen nach Bethlehem.

Die Nachricht von der Geburt eines neuen, mächtigen Königs hat Herodes in Angst und Schrecken versetzt. Und obwohl er sich große Mühe gegeben hat, sein Entsetzen über diese Botschaft den weisen Männern nicht zu zeigen, ist es ihnen doch nicht verborgen geblieben. Deshalb sind sie froh, als sie endlich den Palast des Herodes verlassen können, ohne dass ihnen etwas passiert ist.

„Wie konnten wir bloß glauben", meint einer von ihnen, „dass am Hofe eines so grausamen Königs das Kind geboren werden könnte!"

„Aber seht doch", ruft schon ein anderer, „dort ist ja wieder der Stern! Jetzt zeigt er uns den Weg."

So kommen sie nach Bethlehem. Mühsam drängen sie sich mit ihren Kamelen durch die engen Straßen der Stadt, bis der Stern auf einmal über einem armseligen Haus stillsteht.

Überrascht sieht Josef auf die Fremden, die da in ihren dunklen, weiten Gewändern zur Tür hereinkommen. Sie knien glücklich vor dem Kind nieder und übergeben ihre Geschenke: Gold, Weihrauch und süß duftende Myrrhe.

Nicht lange können die Weisen bei dem Kind bleiben. In einem Traum warnt Gott sie vor Herodes, der das Kind töten will. So reisen sie auf einem anderen Weg wieder in ihre Heimat zurück.

Jesus wächst heran wie andere Kinder auch. Immer wieder muss Maria an Gottes Versprechen denken und an den Engel, der ihr zuerst die Nachricht von der Geburt des Kindes brachte. Sie erinnert sich an die Hirten und an die weisen Männer, die Jesus als König ehrten, nachdem er gerade geboren war.

Aber dann kommen ihr Zweifel: „Kann mein Sohn, so arm wie er ist, ein König werden? Wird das jemand glauben? Werden die Menschen erkennen, dass er der versprochene König ist?"

Jesus aber hat nicht die Sorgen seiner Mutter. Er denkt an die Worte, die er bei den Priestern aus den heiligen Schriften gehört und gelernt hat. Alles hat er von ihnen über Gott und sein Versprechen an die Menschen erfahren; allmählich versteht er, was für ein König er den Menschen sein soll. Kein König wie Herodes, der befiehlt und sich bedienen läßt. Kein Kaiser wie der in Rom, der die Völker unterdrückt. Kein Kriegsheld, der Israel zu einem großen und mächtigen Reich macht.

Jesus wurde nicht in einem Palast geboren, sondern im Stall. Er wird sich nicht bedienen lassen, sondern anderen dienen. Er wird niemanden unterdrücken und töten, sondern Menschen befreien und für sie sterben. So will Gott seinen König haben. Aber die Menschen brauchen sich vor ihrem König nicht zu fürchten. Sie lieben ihn, weil er sie liebt.

Angela Elwell Hunt

Der Traum der drei Bäume

Die Geschichte vom Traum der drei Bäume ist schon sehr alt. Eltern haben sie ihren Kindern erzählt, Großeltern ihren Enkeln und diese dann wieder ihren eigenen Kindern. Niemand weiß, wer die Geschichte zuerst erzählt hat. Doch wer immer es gewesen sein mag – ich bin ihm sehr dankbar.

Es waren einmal drei kleine Bäume. Sie wuchsen oben auf einem Hügel. Jeder Baum hatte einen ganz besonderen Wunsch, was aus ihm einmal werden sollte, wenn er groß war.

Der erste Baum schaute nachts zum Himmel hinauf und sah all die vielen Sterne, die wie Diamanten funkelten.

„Ich wünsche mir, dass aus meinem Holz einmal eine wunderschöne Schatzkiste gemacht wird. Sie soll mit Gold verziert sein und viele wertvolle Edelsteine sollen darin liegen. Dann werde ich die schönste Schatzkiste der Welt sein."

Der zweite Baum sah den plätschernden Bach, der sich auf seinem Weg zum Meer durch den Wald schlängelte.

„Wenn ich einmal groß bin", träumte er, „soll aus meinem Holz ein gewaltiges Schiff gebaut werden. Ich möchte über weite Meere fahren und im Dienst mächtiger Könige stehen."

Der dritte Baum schaute hinunter ins Tal. Dort wohnten viele Menschen in einer großen Stadt; sie arbeiteten von früh bis spät.

„Ich möchte für immer auf diesem Hügel stehenbleiben und ein großer Baum werden", träumte er. „Wenn die Menschen dann zu mir hochschauen, werden sie den Himmel sehen und sie werden an Gott, den Schöpfer aller Dinge, denken. Deshalb möchte ich der größte Baum der ganzen Welt werden!"

Viele Jahre vergingen. Auf Regen folgte Sonnenschein, und aus den kleinen Bäumen wurden große Bäume. Eines Tages stiegen drei Holzfäller den Hügel herauf. Jeder trug eine blitzende Axt in der Hand.

Der erste Holzfäller schaute sich den ersten Baum an und meinte dann: „Einen so schönen Baum kann ich gut gebrauchen!" Und mit wuchtigen Axthieben fällte er den ersten Baum.

„Jetzt machen sie bestimmt eine wunderschöne Truhe aus mir", freute sich der erste Baum. „Dann werde ich einen wertvollen Schatz aufbewahren."

Der zweite Holzfäller schaute sich den zweiten Baum an und meinte dann: „Einen so starken Baum kann ich gut gebrauchen!" Und mit wuchtigen Axthieben fällte er den zweiten Baum.

„Jetzt bauen sie bestimmt ein großes und gewaltiges Schiff aus mir", freute sich der zweite Baum. „Dann werden mächtige Könige mit mir über die Meere fahren."

Dem dritten Baum wurde es angst und bange, als der dritte Holzfäller ihn ansah. Kerzengerade und hochgewachsen ragte er zum Himmel empor.

23

Doch der Holzfäller überlegte nicht lange und murmelte bloß: „Ich kann jeden Baum gebrauchen." Und mit wuchtigen Axthieben fällte er den dritten Baum.

Der erste Baum jubelte, als der Holzfäller ihn in eine Schreinerwerkstatt brachte. Doch welche Enttäuschung! Der Schreiner nahm das Holz des einst so schönen Baumes und machte daraus eine ganz normale Futterkrippe. Sie wurde nicht vergoldet und es kamen auch keine Edelsteine hinein. Stattdessen war sie mit Sägemehl bedeckt und dann wurde sie mit Heu gefüllt – für die Tiere im Stall.

Der zweite Baum lächelte zufrieden, als der Holzfäller ihn zu einem Schiffsbauer brachte. Doch welche Enttäuschung! Es wurde gar kein stolzes Schiff aus ihm gebaut, sondern nur ein einfaches Fischerboot – viel zu klein und zu schwach, um über große Flüsse und Meere zu fahren.

Als es fertig war, brachte man das Boot an einen kleinen See, wo ärmliche Fischer Tag für Tag damit zum Fischfang ausfuhren.

Der dritte Baum war traurig, als der Holzfäller ihn zersägte und die dicken Balken in ein Holzlager brachte.

„Ich verstehe das nicht!", jammerte der Baum, der einst so groß gewesen war. „Ich wollte doch so gern auf dem Hügel stehen und die Menschen an Gott erinnern!"

Viele Tage und viele Nächte vergingen. Die drei Bäume hatten ihre Träume fast schon vergessen. Doch eines Nachts legte eine junge Frau ihr neugeborenes Kind in die Futterkrippe, die aus dem ersten Baum gezimmert worden war.

„Ach, Maria, hätten wir doch nur eine richtige Wiege für das Kind!", seufzte ihr Mann.

Aber die Frau nahm seine Hand und lächelte, als das goldene Licht der Sterne auf das glatte, derbe Holz fiel.

„Aber Josef, diese Krippe ist doch wunderschön", flüsterte sie.

Und mit einem Mal wusste der erste Baum, dass der wertvollste Schatz der ganzen Welt in ihm lag.

Auch der zweite Baum erlebte eine Überraschung. Eines Abends stieg ein müder Wanderer mit seinen Freunden in das alte Fischerboot. Er legte sich gleich nieder und schlief ein, während das Schiff hinausfuhr auf den See.

Doch plötzlich kam ein gewaltiger Sturm auf. Das kleine Boot erzitterte. Es wusste, dass es nicht stark genug war, um so viele Menschen sicher durch Wind und Wellen zu tragen.

Schließlich erwachte der Mann. Er stand auf, streckte seine Hand aus und befahl dem Wind, sich zu legen. Da verstummte der Sturm so schnell, wie er gekommen war.

Plötzlich wusste der zweite Baum, dass er den König des Himmels und der Erde an Bord trug.

An einem Freitagmorgen schreckte der dritte Baum hoch: Mit einem kräftigen Ruck wurde ein Balken aus dem vergessenen Holzstapel herausgezogen. Jemand trug ihn mitten durch eine laute, aufgeregte Menschenmenge einen Hügel hinauf.

Er zuckte zusammen, denn Soldaten nagelten die Hände und Füße eines Mannes auf ihm fest. Hässlich und grausam kam er sich vor.

Doch als am Sonntagmorgen die Sonne aufging, wusste der dritte Baum mit einem Mal, dass sein alter Traum doch in Erfüllung gegangen war. Das Kreuz, das man aus seinem Holz gefertigt hatte, zeigte den Menschen den Weg zu Gott.

So erfüllte sich der Wunsch der drei Bäume doch noch:

Der erste Baum war tatsächlich zu einer Schatztruhe geworden, die den wertvollsten aller Schätze in sich trug: Gottes Sohn ist als Kind in einer Krippe zur Welt gekommen.

Der zweite Baum hatte tatsächlich den mächtigsten aller Könige an Bord gehabt: Jesus bewies in dem kleinen Boot seine Macht über Wind und Wellen.

Und auch der Wunsch des dritten Baumes war in Erfüllung gegangen: Jedesmal, wenn die Menschen das Kreuz anschauen, erinnern sie sich daran, wie sehr Gott die Menschen liebt.

Und das ist besser als die schönste Schatzkiste, das stolzeste Schiff oder der größte Baum der Welt zu sein.

JELLA LEPMAN

David und die Weihnachtsgeschichte

David, das ist der Name des Hirtenknaben aus der Bibel, der den Riesen Goliath mit seiner Steinschleuder besiegte und später König wurde. Und David heißt der kleine Junge, von dem ich euch erzählen will.

Er war ein fröhlicher kleiner Junge mit braunen Augen, die wie zwei Kastanien glänzten. Und obgleich er wie David, der Hirtenknabe, tapfer war und sich zu wehren wusste, hatte er doch ein warmes Herz. Er half Menschen und Tieren, wo er konnte, ja er half sogar den Sträuchern und Blumen, wenn er sah, dass sie dürsteten.

Als er in die Schule kam, gefiel ihm zuerst das Stillsitzen nicht sehr und er pflegte mit seinen Sandalen kleine klappernde Geräusche zu machen, so, als liefe er über Stock und Stein. Der Lehrer, der ihn gern mochte, ließ ihn gewähren, er hatte als kleiner Junge genau dasselbe Geräusch mit seinen Sandalen probiert.

Als Weihnachten näher und näher rückte, bestürmten die Kinder ihren Lehrer um ein Weihnachtsstück, das sie bei der Weihnachtsfeier spielen wollten.

„Warum nicht?", sagte der Lehrer. „Wie wär's mit der Weihnachtsgeschichte? Sie ist doch die schönste von allen Geschichten und ihr kennt sie ja jetzt schon auswendig."

Da umtanzten die Kinder ihren Lehrer vor Freude und dann stürzten sie nach Hause, und es war keine Kleinigkeit für sie, das Geheimnis zu bewahren. Denn ein Geheimnis sollte es bleiben bis zum Abend der Aufführung, das hatten sie dem Lehrer versprochen.

Natürlich ist es gar nicht so einfach, in einem kleinen Dorf, in dem jeder den andern kennt, ein Geheimnis zu bewahren – so sehr vertrauten die Dorfbewohner einander, dass sie sogar nachts nicht einmal ihre Haustüren abschlossen.

„Warum sollten wir das auch tun?", sagten sie zueinander. „Unser Dorf liegt weit weg von der großen Landstraße und den lauten Städten, Reichtümer gibt es bei uns sowieso nicht zu holen, wir müssen uns nicht vor Dieben fürchten." Und wirklich, trotz der unverschlossenen Haustüren geschah nie etwas Böses. Aber ich muss schon sagen, es war ein ganz besonderes Dorf, und wenn ihr dort nicht wohnt, nehmt doch lieber den Schlüssel und schließt eure Türen ab!

Als es an das Verteilen der Rollen ging, da wollten natürlich alle Maria oder Josef spielen, manche auch die Hirten oder die Heiligen Drei Könige aus dem Morgenland, die plötzlich den neuen, funkelnden Stern am Himmel entdeckten.

„Du bekommst die Rolle eines Herbergsvaters, der Maria und Josef von seiner Tür weist", sagte der Lehrer zu David. „Du bist groß für dein Alter und wirst es schon recht machen." David erschrak, wie sollte er

28

einen Herbergsvater spielen, der Maria und Josef fort-
jagte? Es war die allerletzte Rolle, die er spielen wollte.
Aber er war zu scheu, um den Lehrer um eine andere
Rolle zu bitten, und schließlich war er, David, wirklich
einer der größten der Klasse. So fügte er sich, wohl oder
übel.

Dann begannen die Proben und es war gar nicht so
leicht, in das Gewand und Leben derjenigen zu schlüp-
fen, deren Geschichte die Kinder so oft gehört, deren
Bilder sie so viele Male in der Bibel betrachtet hatten. Sie
selbst waren die Kinder des Zeitalters der Autos und
Flugzeuge, der Mondraketen und Roboter, sie trugen
„blue jeans" und Pullover mit Rollkragen und Reißver-
schluß. Ja, sogar in ihr kleines Dorf war die neue Zeit
eingezogen, auch wenn die Leute ihre Haustüren nicht
abschlossen. David erhielt das Gewand eines Herbergsvaters aus biblischer Zeit – das war aus Kartoffelsäcken
zusammengeschneidert und blau wie der blaueste Himmel eingefärbt. Das Gewand schlotterte um seine Beine,
und mehr als einmal verwickelte er sich darin und fiel zu
Boden. Am liebsten wäre er da liegen geblieben, so elen-
diglich kam er sich in seiner Rolle als der harte Herbergsvater vor.

„Alles ist überfüllt in Bethlehem", hatte er zu sagen,
„und für Leute wie euch gibt es sowieso keinen Platz in
meiner Herberge. Macht, daß ihr weiterkommt!" Und
damit hatte er die Tür zuzuschlagen und mit einem knarrenden Geräusch den Schlüssel im Schloss zu drehen.

David spielte seine Rolle so schlecht, dass der Lehrer
nur so den Kopf schüttelte. „Du bist doch sonst unter

den Besten. Was ist dir nur über die Leber gekrochen? Es gehört doch nicht viel dazu, die zwei Sätze zu sprechen. Maria und Josef müssen zehnmal soviel sagen und sogar die Tiere – die Lämmer, die Ziegen, die Hunde und erst recht das Eselein – sprechen ja in der Heiligen Nacht, und mehr als du!"

David senkte seine Augen, die wie zwei Kastanien glänzten, und gab keine Antwort. Wie hätte er sonst dem Lehrer auch erklären können, dass dies die allerletzte Rolle sei, die er spielen wollte, es fehlten ihm ganz einfach die Worte dazu.

Und so kam der Abend der Aufführung, der Saal war voll von Menschen, sogar aus den Nachbardörfern waren sie gekommen. Vorne saßen der Pfarrer und der Lehrer, sie sahen sehr würdevoll aus, und dann ertönte ein Glöckchen als Klingelzeichen und das Spiel begann.

David war einer der ersten, die an die Reihe kamen. Schon gingen Maria und Josef mit langsamen Schritten über die Bühne, auf deren Kulissen das biblische Bethlehem von Kinderpinseln gemalt war. Auch die Herberge war aufgemalt, aber in die hölzerne Kulisse war eine Tür eingebaut, die man öffnen und schließen konnte.

Hinter dieser geschlossenen Tür stand David und zitterte am ganzen Körper. Schon machte es „poch, poch" an der Tür. Draußen rief eine Stimme: „Lasst uns ein und gebt uns ein Obdach, wenigstens für diese eine Nacht. Ich bin der Zimmermann Josef und mit mir ist Maria, meine Frau, die ein Kindlein haben soll. Um Gottes Willen, lasst uns ein!" So flehend klang diese Stimme, dass sie hätte einen Stein erweichen müssen.

Vielleicht war es der Klang der Sätze, die David vollends verwirrten. Für ihn war dies plötzlich kein Spiel mehr, sondern er stand in der Mitte eines wunderbaren Geschehens.

Weit riss er die Tür der Herberge auf, streckte seine Hände aus und rief:

„Kommt herein, o kommt herein, wie könnte es für euch in meiner Herberge keinen Platz geben!" Sein Gesicht leuchtete und er hatte plötzlich alle Scheu verloren. Er nahm Josef seinen hohen Wanderstab und sein Bündel ab und fügte, halb wie im Traum, hinzu: „In unserem Dorf sind immer alle Türen offen, Tag und Nacht sind sie offen." Und damit führte er Maria und Josef in seine Herberge.

Eine große Stille legte sich über den Saal, die Stille der Heiligen Nacht. Und diese Stille hielt mindestens eine Weile an. Erst dann stand der Lehrer von seinem Platz auf, um die Dinge wieder einzurenken, so dass das Spiel seinen Fortgang nehmen konnte. Das war weniger schwierig, als ihr denkt, Maria und Josef erschienen ganz einfach wieder auf der Bühne und Josef sagte etwas stockend den Satz, den ihm der Lehrer rasch zurechtgezimmert hatte:

„Das war ein guter Herbergsvater, aber er konnte uns beim allerbesten Willen nicht helfen", und dann nahm das Spiel ungehindert seinen Lauf.

David aber stand hinter der Bühne, noch ganz benommen von dem, was ihm geschehen war. Er fürchtete sich vor keinem Tadel und keiner Strafe, er hatte etwas gutzumachen versucht, das seit Wochen mit Zentnerlast auf ihm gelegen hatte. Vielleicht hatte er sogar sehr viel mehr getan und ungezählten andern Menschen die Tür zur Heiligen Nacht geöffnet und die Weihnachtskerzen in ihren Herzen angezündet. In seinem eigenen Herzen jedenfalls brannten sie lichterloh.

KAY KINNEAR

Anna-Magdalena bekommt eine Krone

Anna-Magdalena geht langsam durchs Wohnzimmer und zieht einen roten Wollfaden hinter sich her. Nicki, ihr kleines Kätzchen, springt immerzu hoch und versucht, den Faden zu schnappen. Aber Anna-Magdalena zieht ihn wieder ein Stück weiter. Nicki springt wieder hoch. Es macht riesigen Spaß.

Da kommt die Mutter herein: „Der Kindergottesdienst fängt gleich an. Nimm bitte deine Jacke und komm mit."

„Kann Nicki auch mitkommen?", fragt Anna-Magdalena. Sie mag sich gar nicht von dem Kätzchen trennen.

„Wie stellst du dir das vor?", meint die Mutter. „Hinterher läuft Nicki dir noch weg!"

Anna-Magdalena ist ein bisschen traurig. Sie streicht Nicki über das Köpfchen und setzt das Kätzchen in den Korb.

Drei Wochen lang ist Anna-Magdalena nicht im Kindergottesdienst gewesen, weil sie die Windpocken hatte. Alle freuen sich, dass sie heute wieder da ist.

„Wir haben dich vermisst", sagt Frau Lander.

„Komm neben mich", ruft Marko, ihr neuer Freund und rückt zur Seite.

„Wir sind gerade dabei, uns etwas für die Weihnachtsfeier zu überlegen", erklärt Frau Lander. „Wir wollen ein schönes Krippenspiel aufführen."

Anna-Magdalena erinnert sich noch an das Krippenspiel vom vergangenes Jahr. Besonders gut haben ihr die Könige gefallen, die das Jesuskind besuchten.

„Kann ich ein König sein?", ruft sie aufgeregt. Frau Lander sieht in ihrer Liste nach.

„Tut mir leid. Jens und zwei Kinder aus einer anderen Gruppe sind schon als Könige eingeteilt. Magst du vielleicht einen Hirten spielen?", fragt sie.

Anna-Magdalena ist enttäuscht. Sie möchte furchtbar gern so eine wunderschöne goldene Krone tragen wie die Könige im letzten Jahr. „Was haben denn die Hirten auf dem Kopf?", fragt sie langsam.

„Wir wickeln ihnen bunte Tücher um den Kopf", erklärt Frau Lander. Anna-Magdalena gefällt das nicht besonders. „Eine Krone ist doch viel schöner", denkt sie.

Frau Lander tröstet Anna-Magdalena: „Ich weiß was: Du kannst mir nebenbei helfen. Das ist eine ganz wichtige Aufgabe." Anna-Magdalena nickt. Aber sie ist immer noch ein bisschen traurig, denn sie möchte so gern einmal eine Krone auf dem Kopf haben.

Einige Wochen später erzählt Frau Lander den Kindern die Weihnachtsgeschichte. Zuerst die Begebenheit mit Maria und dem Engel. Der Engel besucht Maria und erklärt ihr, dass sie einen Sohn bekommen wird. Das ist Jesus. Dann üben die Kinder diesen Teil der Geschichte für das Krippenspiel. Elke spielt die Maria und sitzt auf

35

einem Stuhl. Anna-Magdalena hat vorher ein Tuch über den Stuhl gelegt. Sara, ein Mädchen aus einer anderen Gruppe, ist der Engel. Frau Lander bittet Anna-Magdalena, mit Kreide einen Strich an der Stelle zu machen, wo der Engel stehen soll.

Am nächsten und übernächsten Sonntag proben sie weiter. Sie hören jedesmal ein Stück aus der Weihnachtsgeschichte und versuchen dann, das Ganze nachzuspielen.

Heute proben sie, wie Maria und Josef nach Bethlehem wandern und eine Unterkunft für die Nacht suchen. Anna-Magdalena findet, dass Kevin ein ganz toller Josef ist. Sie lächelt ihm zu.

Inzwischen gefällt es Anna-Magdalena doch ganz gut, dass sie mitmacht. Sie kann sogar schon alle Sätze auswendig, die die anderen Kinder sagen müssen.

„Jetzt kommt der beste Teil der Weihnachtsgeschichte", sagt Frau Lander. Sie erzählt, wie Jesus im Stall bei den Tieren geboren wird und dass Maria ihn in eine Krippe legt.

Elke hat ihre Puppe mitgebracht, das ist das Jesuskind. Anna-Magdalena wickelt die Puppe in eine große Windel von Frank. Leider sind die Tiere noch nicht fertig. Anna-Magdalena muht ein paarmal wie eine Kuh. Elke und Kevin sollen denken, sie sind in einem richtigen Stall!

Gleich darauf kommt Anna-Magdalena an die Reihe. Die Hirten weiden auf dem Feld ihre Schafe. Plötzlich erscheint ein Engel bei ihnen. Die Hirten müssen zittern und so tun, als ob sie richtig Angst haben.

Aber der Engel sagt: „Fürchtet euch nicht! Ich verkündige euch große Freude. Heute ist der Heiland geboren!" Voller Freude laufen die Hirten nach Bethlehem, um das neugeborene Kind zu sehen.

Dann erscheinen die drei Könige. Sie wollen das Kind auch anbeten und ihm Geschenke bringen.

Anna-Magdalena beobachtet Jens und die beiden anderen Könige. Auf dem Kopf tragen sie wunderschöne Kronen: Eine ist aus Gold, die andere aus Silber, und die dritte hat glitzernde silberne Punkte. Einen Moment lang ist Anna-Magdalena neidisch. Aber dann gibt sie jedem König ein Geschenk für das Jesuskind. „Passt gut darauf auf!", sagt sie.

Endlich wird es Weihnachten. Am Heiligen Abend versammeln sich die Kinder in den Nebenräumen der Kirche. Alle sind furchtbar aufgeregt. Anna-Magdalenas Mutter ist auch da. Sie hilft ihr und den anderen Hirten, ihre Kostüme anzuziehen. Dann wickelt sie ihnen einen bunten Turban um den Kopf.

Die Hirten haben Gewänder aus dickem braunem Frotteestoff an. Für die Arme sind Löcher ausgeschnitten. Anna-Magdalena und Marko lachen, als sie sich sehen.

Jens sieht einfach toll aus. Er hat einen langen Mantel an und auf dem Kopf die schöne glitzernde Krone. Er hält eine goldene Schachtel mit einem funkelnden Deckel in der Hand.

Anna-Magdalena denkt: „Das ist das schönste Kostüm von allen. Nächstes Jahr möchte ich diese Krone aufhaben." Sie geht zu Jens hin und sagt: „Du siehst toll aus!"

Jens wird ein bisschen rot.

Auf einmal sehen sie, wie drei Mütter sich aufgeregt unterhalten. „Sara ist krank geworden und kann heute abend nicht mitspielen", sagt Saras Mutter. „Was soll jetzt nur werden?"

Da hat Frau Lander eine Idee: „Anna-Magdalena kann doch alles auswendig, was der Engel sagt. Dann ist sie eben der Engel!"

Anna-Magdalena kann es kaum fassen. Sie darf den Engel spielen! Schnell zieht sie ihr Hirtenkostüm aus. Frau Lander hilft ihr, ein langes, weißes Gewand anzuziehen. Dazu bekommt sie einen schönen Gürtel. Auf ihrem Rücken befestigt Frau Lander zwei funkelnde silberne Flügel.

Zum Schluss setzt sie ihr einen goldenen Reif auf den Kopf. Um den Reif herum befinden sich viele goldene Zacken. Das sieht aus wie ein Stern.

„Das ist der Glorienschein", erklärt Frau Lander. Anna-Magdalena hat das Wort noch nie gehört, aber sie findet ihren Glorienschein sogar noch schöner als die Kronen der Könige!

Die Kirche ist mit Tannenzweigen geschmückt und überall brennen Kerzen. Viele Leute sind gekommen, kein Platz ist mehr frei. Alle freuen sich auf das Krippenspiel.

Anna-Magdalena ist sehr aufgeregt. Sie steht auf einem Stuhl, damit jeder den Engel sehen kann. Sie streckt ihre Hand aus und sagt Maria, dass sie bald ein

Kind bekommen wird. Später verkündet sie den Hirten, dass Jesus geboren worden ist. Ihre Krone funkelt im Kerzenschein und auch auf ihren Flügeln tanzen kleine Lichter.

Anna-Magdalena strahlt über das ganze Gesicht. Heute ist sie das glücklichste Mädchen auf der ganzen Welt.

Als Mama die Weihnachtsstimmung verlor

Es ist ein frostklarer, kalter Tag im Dezember. Der fünfjährige Stefan sitzt im Wohnzimmer auf dem Fußboden zwischen seinen Spielsachen. Sein kleiner brauner Hund Zack mit seinem kuscheligen Fell hat es sich neben ihm gemütlich gemacht und ist eingeschlafen. Stefan kann hören, wie sich seine Mutter in der Küche mit einer Freundin unterhält.

„Wenn man sich vorstellt, dass es nur noch eine Woche bis Weihnachten ist …", sagt Stefans Mutter gerade. „Ich weiß gar nicht, wo mir der Kopf steht. Ich habe noch kein einziges Plätzchen gebacken und einen Weihnachtsbaum haben wir auch noch nicht. Es gibt einfach immer viel zu viel zu tun. Irgendwie habe ich in diesem Jahr meine Weihnachtsstimmung verloren. Ich werde froh sein, wenn das Fest vorbei ist."

Stefan lässt seine Spielsachen liegen. „Wie kann Mama das nur sagen?", flüstert er Zack zu. „Sie hat sich doch immer so auf Weihnachten gefreut. Weißt du was? Ich werde diese Weihnachtsstimmung wiederfinden. Wenn ich nur wüsste, wie sie aussieht und wo Mama sie verloren haben kann."

Leise schleicht Stefan sich aus dem Zimmer. Er zieht den blauen Schneeanzug an und dann die warmen

Stiefel, eine Mütze und Handschuhe. Dann macht er sich mit Zack auf die Suche nach Mamas Weihnachtsstimmung. Draußen beißt die kalte Winterluft im Gesicht und der Schnee knirscht unter seinen Stiefeln, als er mit Zack die Straße hinuntergeht.

Stefan und Zack gehen zuerst zu Frau O'Brien, der Nachbarin. Als sie die Tür öffnet, kommt Stefan ein köstlicher Duft von frisch gebackenen Plätzchen entgegen.

„Guten Tag, Frau O'Brien", sagt Stefan. „Meine Mama hat ihre Weihnachtsstimmung verloren und Zack und ich wollen sie wiederfinden. Haben Sie sie vielleicht irgendwo gesehen?"

Frau O'Brien sieht ihn überrascht an. „Es tut mir Leid, Stefan", sagt sie. „Ich habe nichts gesehen, was auch nur im Entferntesten wie Weihnachtsstimmung aussieht. Aber ich kann dir ein paar frisch gebackene Lebkuchen geben, damit du auf deiner Suche nicht so hungrig bist."

Mit einem köstlichen, noch warmen Stück Lebkuchen zwischen den Zähnen verabschiedet sich Stefan und macht sich mit Zack wieder auf den Weg. Die Sonne scheint so hell in der klaren, kalten Luft, dass Stefan blinzeln muss, damit er überhaupt etwas sehen kann. Der Schnee glitzert und funkelt in der Sonne, aber nirgendwo kann Stefan die verlorene Weihnachtsstimmung entdecken. Schließlich erreichen die beiden den Lebensmittelmarkt, in dem Stefans Mutter immer ihre Einkäufe macht.

„Vielleicht hat Mama ihre Weihnachtsstimmung hier

verloren, als sie gestern einkaufen war", sagt Stefan zu Zack. „Komm, wir gehen mal rein und schauen nach, ob wir sie finden."

Sie gehen durch die große Glastür, aber bevor sie sehr weit gekommen sind, werden sie von einem Mann in einer gestreiften Schürze aufgehalten.

„Tut mir Leid, junger Mann", sagt der Mann. „Aber Hunde dürfen hier nicht hinein. Du musst ihn wohl draußen lassen."

Zack sieht ganz traurig aus und blickt Stefan ängstlich an. Stefan streichelt ihm beruhigend übers Fell. „Wir wollen gar nichts kaufen", sagt Stefan. „Wissen Sie, meine Mama hat ihre Weihnachtsstimmung irgendwo verloren und da haben wir gedacht, dass wir sie vielleicht hier finden. Vielleicht hat Mama sie beim Einkaufen hier liegen gelassen, wissen Sie. Haben Sie sie gesehen?"

Der Mann in der gestreiften Schürze runzelt nachdenklich die Stirn. „Nein, mein Junge", antwortet er. „Ich habe nirgendwo eine Weihnachtsstimmung gesehen, die jemand hier verloren hat. Aber wenn du mir sagst, wie deine Mama heißt, werde ich sie anrufen, falls ich diese Weihnachtsstimmung entdecke."

„Vielen Dank", sagt Stefan. Er sagt dem Mann, wie seine Mutter heißt und wo sie wohnt und verlässt dann mit Zack den Laden. Draußen holt er den Rest von Frau O'Briens Lebkuchen aus seiner Hosentasche und teilt ihn mit Zack.

Der Gehsteig ist voller Menschen, die es alle sehr eilig haben. Leute mit großen Einkaufspaketen hasten an Stefan und seinem Hund vorüber und zwischen dem

Straßenlärm hört Stefan die Weihnachtsmusik, die aus den Geschäften nach draußen dringt. Auf der Straße knirschen die Räder der Autos über den festgefahrenen Schnee.

„Wo sollen wir jetzt suchen, Zack?", fragt Stefan seinen kleinen Freund. In diesem Moment sieht er an der nächsten Ecke eine Polizistin stehen.

„Weißt du was, Zack? Die Polizei findet doch immerzu verlorene Sachen. Komm, wir fragen sie."

Die Polizistin steht kerzengerade aufgerichtet da. Sie ist ziemlich groß. Sie trägt eine dunkelgrüne Uniform mit blanken goldenen Knöpfen. Stefan sagt seinen Namen und wo er wohnt und dann erklärt er ihr, dass seine Mutter ihre Weihnachtsstimmung verloren hat. Ob die Polizistin sie vielleicht irgendwo gefunden hat?

„Warte mal", sagt die Polizistin langsam. „Lass mich mal überlegen, was ich in der letzten Zeit so alles gefunden habe: einen roten Schal, eine Geldbörse, einen braunen Stiefel und zwei kleine Kätzchen. Aber ich glaube, eine Weihnachtsstimmung war nicht dabei. Ich würde dir ja gern helfen, aber ..."

„Trotzdem vielen Dank!", antwortet Stefan. Er verabschiedet sich, nimmt Zack am Halsband und macht sich wieder auf den Weg. Sie marschieren eine ganze Weile, vorbei an Häusern, die mit Kränzen mit roten Schleifen geschmückt sind und vor denen Kinder im Schnee spielen.

Stefan und Zack sind müde. Es ist kalt und sie sind enttäuscht. Da kommen sie an einer Kirche vorbei.

„Wir könnten uns ja ein bisschen aufwärmen, Zack",
murmelt Stefan. Die große Eingangstür ist schwer, aber
Stefan zieht sie gerade so weit auf, dass er sich mit Zack
durchzwängen kann. Drinnen ist es gemütlich warm.
Langsam gehen Stefan und sein Hund den Mittelgang
hinauf und da entdeckt Stefan Pater David vorn am
Altar.

„Zack", flüstert er, „vielleicht kann Pater David uns
helfen. Er weiß eine Menge über Weihnachten."

In diesem Moment dreht sich der Pfarrer um. Er ist
überrascht, als er Stefan mit Zack in der Kirche stehen
sieht.

„Nanu, was macht ihr denn hier?", fragt er. „Ist es
nicht heute viel zu kalt, um draußen herumzulaufen?
Kann ich etwas für euch tun?"

„Ja, Pater David", sagt Stefan und setzt sich mit Zack
vorn in die erste Kirchenbank. „Meine Mama hat ihre
Weihnachtsstimmung verloren. Zack und ich haben den
ganzen Nachmittag gesucht, aber wir konnten sie nicht
wiederfinden."

„O, das tut mir Leid", sagt Pater David nachdenklich.
„Ich habe sie auch nicht gesehen. Aber vielleicht kann
ich dir etwas geben, was euch helfen kann." Pater David
geht zu der Krippe neben dem Altar. Vorsichtig nimmt
er einen kleinen Engel heraus, der direkt neben dem
Jesuskind gestanden hat.

„Gib diesen Engel deiner Mama, Stefan", sagt Pater
David. „Vielleicht hilft er ihr, ihre Weihnachtsstimmung
wiederzufinden."

Stefan ist auf einmal sehr froh. Er steckt den kleinen

Engel vorsichtig in die Tasche seines Schneeanzugs. Dann geht er mit Zack auf dem schnellsten Weg nach Hause. Seine Mutter hat schon auf ihn gewartet.

„Stefan", ruft sie, als er mit Zack nach Hause kommt. „Ich habe mir solche Sorgen um euch gemacht! Du warst den ganzen Nachmittag lang verschwunden ..."

Da erzählt Stefan seiner Mama, dass er doch überall nach der verlorenen Weihnachtsstimmung suchen musste und dass das eben so lange gedauert hat. „Aber, Mama", sagt er traurig, „wir haben sie auch nicht gefunden. Aber Pater David hat mir etwas für dich gegeben. Er hat gesagt, es hilft dir vielleicht, deine Weihnachtsstimmung wiederzufinden."

Vorsichtig nimmt Stefan den kleinen Engel aus seiner Tasche und legt ihn seiner Mama in die Hand.

„Pater David hat gesagt, du weißt schon, wo er hingehört", sagt Stefan.

Seine Mutter sieht den Engel einen Augenblick lang nachdenklich an. „Ja, gewiss weiß ich das!", sagt sie dann. Sie geht ins Wohnzimmer, wo in einer Ecke bereits die Weihnachtskrippe aufgebaut ist, und stellt den Engel ganz dicht neben die Krippe, in der das Kind liegt. Maria, Josef und die Hirten sehen schweigend zu.

„Pater David ist wirklich ein kluger Mann", sagt Stefans Mama leise. „Dieser Engel zeigt mir, dass die Weihnachtsstimmung nur bei dem Kind in der Krippe zu finden ist. Aber ich war so beschäftigt, Stefan, dass ich das vergessen habe. Du und Zack und Pater David und sein Engel haben mich daran erinnert."

Plötzlich klingelt es an der Tür. Stefan und Zack springen auf um zu öffnen. Draußen steht Frau O'Brien, die Nachbarin, mit einer großen Dose voller Weihnachtsplätzchen.

„Fröhliche Weihnachten!", ruft sie und gibt Stefans Mama die Dose. „Ich backe immer viel zu viele Plätzchen und ich hoffe, dass Sie ein paar davon gebrauchen können."

Hinter Frau O'Brien steht der Mann mit der gestreiften Schürze aus dem Lebensmittelmarkt. Jetzt trägt er einen großen Weihnachtsbaum in den Hausflur.

„Frohe Weihnachten", sagt er. „Wir haben in diesem Jahr so viele Bäume im Laden und ich dachte, Sie freuen sich vielleicht über diesen hier."

Stefans Mutter bedankt sich bei Frau O'Brien und dem Mann in der gestreiften Schürze und wünscht ihnen auch ein frohes Weihnachtsfest.

Am Abend schmückt Stefan mit seinen Eltern den Weihnachtsbaum. Zack döst auf dem Fussboden vor sich hin. Plötzlich hören sie, dass draußen jemand singt. Zack springt auf und läuft zum Fenster. Als Stefan durch die Scheiben hinausspäht, sieht er die Polizistin, die er am Nachmittag getroffen hat. Neben ihr unter der Straßenlaterne stehen noch einige andere Leute in Uniform und singen Weihnachtslieder. Große weiße Schneeflocken schweben durch die Luft und bedecken bald Kopf und Schultern der Sänger.

Stefan winkt ihnen zu und lauscht gespannt, solange sie singen. Dann geht er zurück ins Wohnzimmer. Er setzt sich vor die Weihnachtskrippe und betrachtet den Engel und den kleinen Jesus in der Futterkrippe. „Danke", flüstert er ganz leise.

Dann umarmt er Zack und murmelt ihm ins Ohr: „Wenn wieder mal jemand seine Weihnachtsstimmung verliert, wissen wir ja, wo wir sie finden können. Fröhliche Weihnachten, Zack."

Ninas große Frage

Nina stand am Fenster ihres Zimmers und blickte hinaus in die Winterlandschaft. Draußen fiel der Schnee in großen Flocken von einem bewölkten Winterhimmel. Im Zimmer war es gemütlich warm und überall im Haus war zu spüren, dass Weihnachten nun nicht mehr lange auf sich warten lassen würde. Aus der Küche drang das Klappern von Backblechen an Ninas Ohren. Und im Zimmer nebenan übte ihre Schwester Tonia für das Weihnachtssingen, das an diesem Vormittag stattfinden sollte.

„Jauchzet, ihr Himmel, frohlocket, ihr Menschen auf Erden!", hörte Nina ihre Schwester aus voller Kehle singen. Nina kannte das Lied, sie hatte es in den letzten Wochen oft mit Mama und Papa und Markus und Tonia gesungen, während am Adventskranz die Kerzen brannten und im Kamin ein lustiges Feuer prasselte. Leise summte Nina das Lied mit.

„Frohlocket ihr Menschen auf Erden", summte Nina. Dann schaute sie wieder eine Weile gedankenverloren dem Tanz der Schneeflocken zu. „Komisches Wort – ‚frohlocken'. Was das wohl ist? Ob ich es auch tun kann?", überlegte sie. Nina wollte es so gern wissen. „Ich weiß, was ich mache. Ich versuche einfach, jemanden zu finden, der frohlockt. Und dann weiß ich, wie das geht." Begeistert von ihrer Idee machte Nina sich sofort auf den Weg, um eine Antwort auf ihre große Frage zu finden.

Der Erste, den Nina sah, war Onkel Georg. Also stellte sie gleich ihre große Frage: „Hallo, Onkel Georg! Ich suche jemanden, der frohlockt. Frohlockst du vielleicht?"

„Ganz bestimmt nicht!", brummte Onkel Georg, der gerade die Nachrichten im Fernsehen sah. „Die Welt ist voller Probleme. Wieso sollte ich frohlocken? Kriege. Brandanschläge. Flutkatastrophen. Erdbeben. Steuererhöhungen. Und da soll man frohlocken? Nein, keine Chance, das kann ich dir schwören!"

Ninas Urgroßmutter saß in ihrem sonnendurchfluteten Wohnzimmer und strickte an einem bunten Pullover. Nina machte es sich erst einmal gemütlich. Sie saß gerne bei Uromi und sah ihr beim Stricken zu oder ließ sich von ihr Geschichten erzählen. Nach einer Weile sagte Nina: „Uromi, ich suche jemanden, der frohlockt. Was meinst du, wen sollte ich fragen?"

„Nun", lächelte die Urgroßmutter, „weißt du, ich glaube, ich frohlocke. Spür doch mal, wie schön warm die Sonne durchs Fenster scheint. Schau dir die Bäume an, die der Frost wie mit Puderzucker überzogen hat. Und dann dieser Pullover – hat er nicht wunderschöne Farben? Stell dir nur vor, wie schön warm er den halten wird, der ihn einmal anzieht. Ich bin so froh, dass ich noch so schöne Sachen stricken kann."

„Danke, Uromi", sagte Nina und ging aus dem Zimmer. „Also", murmelte sie nachdenklich, „frohlocken ist etwas, was man beim Stricken tut. Ich muss unbedingt

bald stricken lernen. Und dann kann ich auch frohlocken."

Nach einer Weile ging Nina in die Küche. Ihr Vater
war eifrig damit beschäftigt, Weihnachtsplätzchen zu
backen. „Papa", sagte Nina. „Hast du gewusst, dass
Uroma beim Stricken frohlockt?"

„Das überrascht mich nicht", schmunzelte Ninas
Vater. „Ich frolocke auch, weißt du. Es macht mir so viel
Spaß, diese Plätzchen zu backen. Mmmmh, wie die
schmecken werden! Und es werden genug übrig bleiben,
damit wir dem alten Herrn Obermann und seiner Frau
noch welche schenken können. Du weißt ja, sie freuen
sich immer so, wenn wir sie besuchen."

Jetzt wurde die Sache langsam verwirrend für Nina.
„Komische Sache, dieses Frohlocken", dachte sie. „Man
tut es beim Stricken, aber anscheinend auch beim Plätzchen backen. Wahrscheinlich ist es etwas, das man mit
den Händen macht."

Nina zog ihren Anorak an und verließ die Küche.
Draußen stieg ihre Mutter gerade aus dem Auto. Ihr
Bruder Markus und Tonia waren bei ihr. Ninas Mutter
leitete eine Jungschar-Gruppe in der Kirchengemeinde
und Markus und Tonia gehörten zu dieser Gruppe.

„Wo wart ihr denn?", fragte Nina. Sie wollte immer
alles genau wissen.

„Im Krankenhaus. Wir haben dort Weihnachtslieder
gesungen", sagte Markus. Irgendwie klang seine Stimme
richtig glücklich.

„Wir haben für die Kinder gesungen, die über Weihnachten im Krankenhaus bleiben müssen. Und auch bei

den alten Leuten", berichtete Tonia. „Manche waren sogar noch älter als Uroma", fügte sie mit großen Augen bedeutsam hinzu.

„Und was hast du inzwischen gemacht, Nina? Hast du Papa beim Plätzchenbacken geholfen?" Jetzt war Nina an der Reihe, Fragen zu beantworten.

„Nein, hab ich nicht. Ich habe versucht, ein Geheimnis zu lösen. Weißt du, ich versuche jemanden zu finden, der frohlockt. Uroma und Papa haben gesagt, sie frohlocken. Aber Onkel Georg nicht."

„Wie schade für ihn", lachte Mama. „Wir haben auch frohlockt, Markus, oder? Tonia, weißt du noch, der kleine Tim, den wir kennengelernt haben? Er hat sicher auch frohlockt. Seine Augen fingen richtig an zu strahlen, als du dieses Bild für ihn gemalt hast. Und weil wir mit der Jungschar da waren, um Weihnachtslieder zu singen. Und weil wir sein Lieblingslied gesungen haben ..."

„Es ist leichter zu frohlocken, wenn man Freunde hat", sagte Tonia. „Und Tim aus dem Krankenhaus ist jetzt mein Freund." Tonia begann zu singen: „Jauchzet, ihr Himmel, frohlocket, ihr Menschen auf Erden!" Markus stimmte mit ein und schließlich auch Mama. Sie lachten und sangen und umarmten sich – alles gleichzeitig.

Nina schüttelte den Kopf und lief über die Straße zu ihrer Freundin.

Maria war Ninas ganz besondere Freundin. Maria war blind. Und es war schwierig für sie, irgendwohin zu gehen. Sie brauchte einen Blindenstock. Oder sie musste sich auf Cleo verlassen. Cleo war ihr Blindenhund. Nina mochte Cleo und sie wusste, dass er auch ihr Freund war. Jetzt sprang er auf und wedelte mit dem Schwanz, als Nina zur Tür hereinkam.

Nina war froh, dass Maria ihre ganz besondere Freundin war. Maria war zwar schon alt, aber sie wusste fast alles.

„Hallo, Maria, ich bin's, Nina", rief Nina, während sie ihre Stiefel auszog und auf die Fußmatte stellte. „Maria, ich versuche gerade etwas Wichtiges herauszufinden. Wie ein Detektiv, weißt du."

„Das ist gut. Sehr gut", wiederholte Maria. „Detektiv spielen hat mir immer einen Riesenspaß gemacht. Das hab ich dir doch sicher schon erzählt, oder? Richtig viel Spaß macht das, ja. Man darf nur keinen Hinweis und keine Spur übersehen. Genau. Hauptsache, man übersieht keinen Hinweis. Nichts übersehen, verstehst du? Also, welchem Geheimnis bist du auf der Spur?"

„Ich möchte so gern herausfinden", sagte Nina sehr betont und flüsterte fast vor Feierlichkeit, „ich möchte herausfinden, wie man frohlockt. Was muss man tun, wenn man frohlocken will, Maria?"

Maria lachte leise vor sich hin. „Tja, Madame Meisterdetektivin, welche Hinweise hast du denn schon gesammelt?"

Bereitwillig teilte Nina ihr mit, was sie bereits in Erfahrung gebracht hatte. „Onkel Georg ist immer unzufrieden. Er frohlockt bestimmt nicht, hat er gesagt. Ich glaube, frohlocken ist nicht leicht, wenn man dauernd vor dem Fernseher sitzt, oder?

Uromi hat gesagt, dass sie frohlockt. Also muss es etwas sein, was man beim Stricken tun kann. Papa kann es auch beim Plätzchenbacken. Und Mama und Markus und Tonia haben die Leute im Krankenhaus besucht und für sie gesungen und dabei frohlockt.

Und deshalb habe ich gedacht – vor allem wegen Uromi und Papa – dass Frohlocken etwas ist, was man mit den Händen tut. Aber dann hat Mama gesagt, dass Tim aus dem Krankenhaus auch frohlockt hat, mit den Augen, weißt du, als er jemanden gefunden hat, der sein Freund sein will. Und ich glaube, Mama und Markus und Tonia haben frohlockt, als sie gesungen haben."

„Und ich", sagte Maria und schmunzelte, „ich frohlocke, wenn ich so dasitze und dir zuhöre. Und außerdem, nur der Vollständigkeit halber, Madame Meisterdetektivin, frohlocke ich mit meiner Nase, wenn ich rieche, wie der Weihnachtsbaum duftet oder die Sommerblumen oder das Herbstlaub im Oktober."

Nina musste lachen. „Jetzt weiß ich! Ich weiß, ich weiß! Ich glaub, dass ich's weiß!", jubelte sie.

Jetzt musste Maria auch lachen. So saßen sie zusammen und lachten aus ganzem Herzen.

„Frohlocken, das passiert ganz innen in dir drin – wenn es sich innen drin so richtig gut anfühlt." Nina klang sehr überzeugt, dass sie das Geheimnis nun enträtselt hatte.

„Ja, ganz, ganz tief innen", flüsterte Maria und die vielen kleinen Fältchen um ihre Augen begannen zu tanzen. „Ganz, ganz, ganz tief drinnen. Frohlocken, das tust du, wenn du und Gott ein Geheimnis miteinander haben, ein richtig gutes, wunderbares Geheimnis – ganz, ganz tief innen in deinem Herzen."

Jetzt hatte Nina keine große Frage mehr zu lösen, kein Geheimnis mehr zu enträtseln. Das Geheimnis begann in ihr zu tanzen. Ganz tief in ihrem Herzen fing es an zu tanzen. Und dann fing Nina selbst an zu tanzen. Einen ganz besonderen, eigenen Nina-Tanz. Ihren Tanz und Gottes Tanz. Immer schneller drehte sie sich und tanzte durch das Zimmer. Und dann fing sie an zu singen, eine Melodie, die sie gerade eben erst selbst erfunden hatte.

„Frohlocke, Maria. Frohlocke, Nina. Frohlocke, Tim. Frohlockt, Markus und Tonia. Und Cleo, frohlocke! Frohlockt, Weihnachtsbaum und Schneeflocken … Frohlocket, ihr Menschen auf Erden!"

LISELOTTE HOFFMANN

Das vergessene Jesuskind

Die Kinder des Gutsbesitzers saßen beisammen im Wohnzimmer und waren eifrig damit beschäftigt, die Weihnachtskrippe aufzubauen. Sie hatten sich schon immer eine Krippe mit recht vielen Figuren gewünscht, wie man sie zuweilen um die Weihnachtszeit in der Nische einer Kirche sehen konnte. Jahr für Jahr hatte sich die Mutter vorgenommen, den Kindern diesen Wunsch zu erfüllen; aber ihr Mann meinte, Geschenke müssten auch zu etwas nütze sein, und so wurde der Kauf der Figuren jedesmal wieder verschoben.

Diesmal jedoch hatte sie die Sache bei ihrem Mann durchgesetzt und so war bei dem Krippenschnitzer, der in einem nahegelegenen Ort wohnte und seiner Kunst wegen weithin im Lande bekannt war, eine Krippe bestellt worden. Der Krippenschnitzer hatte gerade in diesem Jahr besonders viele Aufträge erhalten und deshalb die Figuren – sie waren eben noch rechtzeitig fertig geworden – erst heute Vormittag abgeliefert.

Neugierig hatten sich die Kinder auf die volle Schachtel gestürzt, in denen die kunstvollen Schnitzereien fein säuberlich zwischen Holzwolle verpackt lagen, und jedesmal folgte ein Ruf des Entzückens, wenn eine neue Figur zum Vorschein kam. Da lagen und standen sie nun, noch ungeordnet, in willkürlicher Reihenfolge, wie sie ausgepackt worden waren, farbenbunt auf dem

Boden: Maria im blauen Mantel, aus dem gefaltete Hände hervorlugten, mit einem wunderbar zarten Gesicht, eine Anzahl kniender und stehender Hirten, solche, die einen Stab in der Hand hielten, und andere, die Säcke und Körbe trugen, in denen sie ihre Geschenke brachten, Josef in braunem Gewand und purpurnem Unterkleid, an dem eine goldene Borte entlanglief.

Dann gab es natürlich Schafe in genügender Menge, posaunenblasende Engel, einen allerliebsten grauen Esel und einen mit Bändern geschmückten Ochsen. Besondere Sorgfalt war auf die drei Könige verwandt worden, die in Weiß, Purpur und Gold prangten. Auf Kamel, Ross und Elefant ritten sie in ihren Prachtgewändern mit blitzenden Kronen auf den Häuptern einher, indessen eine Schar gebückter Diener erlesene Geschenke trugen. Der Mohrenkönig mit seinem kaffeebraunen Gesicht vor allem erregte ehrfürchtiges Staunen und ließ einen Hauch fremdartiger Welt verspüren.

„Ist das nicht schön!", rief Martin, der Älteste, ein Junge mit flachsblondem hochgebürstetem Haar, und begann die Figuren zu einer Gruppe zu ordnen, wie es sich gehörte: Josef neben Maria, dahinter die Hirten mit den Schafen, in einigem Abstand die Könige mit ihrem Gefolge und so fort.

„Aber wo ist denn das Jesuskind?!", rief plötzlich Susanne, die Jüngste, ängstlich und rutschte auf den Knien dicht neben den großen Bruder. Erschrocken sahen sich die Kinder um, aber so viel sie auch suchten, das Jesuskind war nirgends unter den Figuren zu erblicken und selbst die umgestürzte Schachtel brachte nichts anderes mehr als Holzwolle zum Vorschein.

„Das Jesuskind fehlt!", brüllte Susanne los und begann herzzerreißend zu weinen.

In diesem Augenblick wurde die Tür zum Wohnzimmer aufgestoßen und die zornige Stimme des Vaters ließ sich vernehmen: „Was ist denn das für ein Geschrei! Könnt ihr denn nicht still sein! Man versteht ja sein eigenes Wort nicht mehr bei diesem Lärm!"

Augenblicklich war es ganz still im Zimmer und verschüchtert blickten die Kinder zum Vater auf. Er war ein Mann von etwa fünfundfünfzig Jahren, doch noch nicht ergraut, mit fuchsigem Schnurrbart und leicht geröteten Wangen. Plötzlich kam Susanne auf ihn zu und sagte in die Stille: „Aber Vater, wenn doch das Jesuskind fehlt!"

Doch der Mann stieß die Kleine unsanft von sich.

„Ach was! Ihr sollt Ruhe geben – und jetzt kein Wort mehr!"

Dann schloss sich die Tür und der Gutsherr wandte sich erneut dem Gast zu, mit dem er soeben im Nebenzimmer verhandelt hatte.

„Also gut", nahm er das unterbrochene Gespräch wieder auf, „ich bin mit dem Kaufpreis einverstanden. Ich verkaufe den Wald. Nach den Feiertagen kann der Vertrag abgeschlossen werden."

„Einverstanden, Herr Krumau", sagte der Besucher und erhob sich. Der Hausherr begleitete den Gast bis zur Tür. Als er ihn verabschiedet hatte, blieb er noch einen Augenblick in Gedanken versunken stehen.

Der Gutsherr war ein nüchterner Rechner, der seinen

Vorteil wahrzunehmen verstand. Gefühlsduselei lag ihm fern, aber nach dieser Unterredung war ihm doch nicht ganz behaglich zumute – den größten Teil des Waldes hatte noch sein Urgroßvater gepflanzt ... Aber dann schüttelte er diesen Gedanken ab und ging zu seiner Frau, die mit den letzten Weihnachtsvorbereitungen beschäftigt war.

„Eben war Rechberg bei mir", sagte er beiläufig, „ich habe mich entschlossen, den Wald zu verkaufen. Eine solche Summe bekomme ich nie mehr dafür."

„Den Wald?", fragte seine Frau überrascht.

„Ja, das Geschäft ist so gut wie abgeschlossen."

Nach einem kurzen Schweigen sagte sie: „Fällt es dir nicht schwer, dich davon zu trennen? Dieser Wald ist der schönste Teil unseres Besitzes."

Krumau zuckte die Achseln. „Der Kaufpreis kann sich immerhin sehen lassen", beharrte er eigensinnig.

Seine Frau sagte nichts mehr, sie wusste, dass Widerspruch ihn nur reizte. Sie empfand plötzlich Mitleid mit ihm, weil er so hart und engherzig war, weil er so sehr nach dem Reichtum an Geld strebte und so wenig vom Reichtum des Lebens wusste und weil er nicht die Schönheit sah, die in der mächtigen Krone eines Baumes, im Zug der Wildvögel oder im Glanz eines Wintertages lag.

Der Gutsherr zündete sich eine Zigarre an und verließ wortlos das Haus. Er wollte mit seinen Gedanken allein sein. Während er durch den verschneiten Park schlenderte, fiel ihm ein, er könnte noch einen Abschiedsspaziergang durch seinen Wald machen, den er lange nicht mehr betreten hatte. Im Haus hatte man ohnehin alle Hände voll zu tun und bis zur abendlichen Bescherung war er längst wieder zurück.

Zu beiden Seiten des Weges, den er einschlug, erhoben sich mächtige Tannen und Fichten, da und dort unterbrochen von Laubwald. Dichte Schneemassen lasteten auf den Zweigen. Wald im Winter! Kein Laut ringsum, nur ab und zu ließ sich das leise Knacken eines Astes vernehmen. Krumau hatte für Naturschönheit nicht viel Sinn, dennoch machten diese Bäume Eindruck auf ihn. Wuchtig, in feierlicher Stille standen sie da.

Der Gutsherr schritt kräftig aus und sog den würzigen Duft der Waldluft ein. Diese Fichten werden sie zuerst schlagen, dachte er; es waren mächtige Bäume, die kerzengerade aufragten. Dreimal so alt wie ich, kam es ihm in den Sinn.

Der Abend begann allmählich zu dämmern. Ich muss umkehren, dachte er, sonst komme ich noch zu spät zum Abendessen. Einen Augenblick überlegte er, ob er denselben Weg zurückgehen sollte. Dann aber schlug er einen schmalen Wildsteig ein, der durch dichtes Unterholz führte. Er schritt eilig durch den Schnee hin, denn die Dunkelheit brach rasch herein. Nach und nach wurde der Pfad immer unwegsamer und verlor sich schließlich ganz. Krumau mußte feststellen, dass er sich mit einem Mal nicht mehr zurechtfand. Er blieb stehen und blickte um sich. Man kann sich doch nicht in seinem eigenen Wald verirren, dachte er. Er warf einen Blick auf die Uhr – man konnte eben noch die Zeiger erkennen –

fast halb sechs! Niemand zu Hause wusste, dass er sich im Wald befand, und in einer Viertelstunde war es Nacht.

Mühsam stolperte er vorwärts, er musste weiter, hinaus! Es hatte zu schneien begonnen, leicht wie Flaum taumelten die ersten Flocken zu Boden, aber bald wurde die Luft von zahllosen weißen Wirbeln erfüllt. Die Bäume schienen ihm jetzt unheimlich und drohend, sie glichen gespenstischen Riesen, die bis in den Himmel ragten und ihm den Weg versperrten. Einfach kindisch, diese Angst, die ihn befiel! Von Stamm zu Stamm tastete er sich weiter. Am Ende musste er noch die ganze Nacht hier draußen verbringen! Was sie wohl zu Hause tun würden, wenn er nicht kam? Im Wald würde man ihn sicher nicht suchen! Seltsame Gedanken kamen ihm. Diese Bäume! Seine Ahnen hatten sie gepflanzt – und jetzt, weil er dieses Erbe preisgeben wollte, rächten sie sich! Unsinn! Warum richtete er seine Gedanken nicht lieber darauf, einen Ausweg zu finden? Aber der Wald umringte ihn wie eine Mauer, nirgends zeigte sich eine Lichtung!

Der Schnee blies ihm ins Gesicht und der Wind heulte in den Wipfeln. Er brannte ein paar Streichhölzer an und versuchte mit den kalten, feuchten Händen die Flämmchen vor dem Wind zu schützen, aber eines nach dem anderen erlosch und von neuem umgab ihn Finsternis. Erschöpft lehnte er sich an einen Baumstamm und glitt zu Boden. Müdigkeit überfiel ihn. Nein, er durfte nicht einschlafen! Das bedeutete sicheren Tod in der eisigen Winternacht. Er dachte an die Kinder und an seine Frau, im Geist sah er sie, wie sie warteten, warteten, warteten ... Es war ja Weihnachtsabend, Heiliger Abend!

Noch einmal raffte er sich auf und starrte in die Nacht. Nichts, nur diese grässliche, neblige Dunkelheit. Woher sollte auch Hilfe kommen? Er gab die Hoffnung auf.

Plötzlich sah er ein schwaches Licht. Licht in dieser todesdunklen Nacht! Er starrte wie gebannt auf den leuchtenden Funken, der wie ein Irrlicht bald da, bald dort aufflackerte, verschwand und wieder auftauchte. Mit letzter Kraft rief er um Hilfe. Das Licht verharrte einen Augenblick unbeweglich, dann kam es näher und näher. Eine Stimme antwortete ihm. Er war gehört worden! Ein Gefühl dankbarer Freude durchströmte ihn. Leben! Er sollte leben!

Wenige Minuten später beugte sich ein Mann über den Halberstarrten und leuchtete ihm mit seiner Laterne ins Gesicht. Überrascht erkannte er den Gutsherrn.

„Sie haben sich wohl in der Dunkelheit verirrt", sagte der Mann, „da haben Sie aber Glück gehabt, dass ich hier vorbeikomme, um die Zeit geht sonst niemand mehr durch den Wald."

„Wer sind Sie denn?", fragte Krumau noch ganz benommen, indessen der Mann sich um ihn bemühte.

„Der Krippenschnitzer; ich habe doch heute Vormittag die Krippe abgeliefert. Und als ich dann nach Hause kam, bemerkte ich zu meinem Entsetzen, dass ich in der Eile vergessen hatte, das Jesuskind einzupacken. Nun stellen Sie sich einmal die enttäuschten Gesichter der

Kinder vor! Eine Krippe ohne Jesuskind! Undenkbar! Das ist doch das Wichtigste von allem!"

„Ja, das ist das Wichtigste", sagte der Gutsherr leise und nickte.

„Nicht wahr? Und da hab' ich mich eben noch einmal auf den Weg gemacht, obwohl es schon fast dunkel war ..."

Eine Stunde später brannten im Gutshaus die Lichter des Christbaumes zum frohesten Weihnachtsfest, das je unter diesem Dach gehalten worden ist. Susanne aber, die gar nicht so recht verstand, was sich eigentlich begeben hatte, war selig, dass nun auch das Jesuskind in der Krippe unter dem Baume lag, umgeben von all den anderen Figuren, die nun erst wieder ihren Sinn gefunden hatten.

„Ja, das Jesuskind", sagte der Vater und strich Susanne über das Haar, „das hat mir heute das Leben gerettet!"

„Und den Wald", wandte er sich an seine Frau und drückte ihr die Hand, „den wollen wir behalten."

„Nun wollen wir aber singen!", sagte Martin und dann stimmten sie zusammen aus dankerfülltem Herzen das alte Lied an:

„Dies ist die Nacht, da mir erschienen
des großen Gottes Freundlichkeit.
Das Kind, dem alle Engel dienen,
bringt Licht in meine Dunkelheit.
Und dieses Welt- und Himmelslicht
weicht hunderttausend Sonnen nicht."

EVA RECHLIN

Die Weihnachtsburg

Seit zwei Tagen schneit und schneit es, die Flocken wirbeln groß und dicht vor dem Fenster herunter und hüllen die stille Vorstadtstraße mit ihren Häusern und Gärten in einen dichten weißen Pelz. Simone aus dem Haus Nummer acht steht am Fenster und denkt: „Bis zur Bescherung an diesem Heiligabend sind es noch zehn Stunden und wenn es diese zehn Stunden so weiterschneit, könnte ich mit dem Schnee aus dem Garten allein zwanzig oder dreißig große, dicke, feste Schneemänner bauen. Wie gut könnte ich mir mit Schneemann-Bauen die lange Wartezeit bis zum Abend vertreiben!"

Gestern abend hat sie schon einen Schneemann gebaut. Er sollte aussehen wie der Nikolaus und wurde bis zur Dunkelheit fast fertig – und was geschah? Über Nacht wurde er umgestoßen und zertreten. Hätte es aufgehört zu schneien, würde man die Fußspuren der Übeltäter sehen können. Aber Simone weiß auch ohne Spuren, wer ihren Schneemann zerstört hat. Sie braucht nur hinüber in den Nachbarsgarten zu schauen, wenn sie die Missetäter sehen will. Die bauen mit roten Händen und Nasen an einer riesigen, herrlichen Schneeburg: Carsten und Jens, die Nachbarssöhne.

Voriges Jahr noch hat Simone mit ihnen gebaut. Da halfen Carsten und Jens ihr beim Schneemann und sie half ihnen dafür bei der Burg und alle hatten einen riesigen Spaß an den beiden Kunstwerken. Die Eltern kamen und bewunderten sie und die Kinder waren stolz. Voriges Jahr um die Weihnachtszeit vertrugen sich die beiden Nachbarsfamilien noch miteinander.

Wann eigentlich hat das mit den Streitereien angefangen? Simone versucht zurückzudenken. Das muss im Frühjahr gewesen sein, als schon die ersten Blumen blühten. Ja, mit den Tulpen hat es angefangen! Die Tulpen blühten, ein ganzes Beet voll roter und gelber Tulpen am Nachbarzaun entlang. Die Mutter war so stolz auf ihre Tulpen! Aber eines Morgens sah das ganze Tulpenbeet aus, als wären zwei Nashörner durch die Blüten gestampft. Ja, so bezeichnete es damals der Vater: „Zwei Nashörner! Das können nur Carsten und Jens gewesen sein, die haben gestern abend noch Fußball in ihrem Garten gespielt. Natürlich ist ihnen der Ball über den Zaun geflogen. Sie sind heruntergeklettert, um ihn zu suchen, und dabei haben sie die ganzen Tulpen zertrampelt. Denen werd ich's zeigen! Die können was erleben!" Zornig rannte der Vater hinüber zum Nachbarhaus.

Simone saß damals mit der Mutter gerade beim Frühstück in der Küche, sie hatten das Fenster offen und konnten hören, wie die beiden Väter drüben miteinander stritten, dann die Stimmen der beiden Jungen: „Nein, nein, wir waren es nicht, ganz bestimmt nicht, wir würden es sagen und von unserm Taschengeld neue Tulpen kaufen, aber wir waren es nicht."

So ging es hin und her, die Stimmen wurden immer

lauter. Danach fiel drüben krachend die Tür ins Schloß und der Vater kam zurück, rot vor Empörung, und schimpfte weiter: „Diese Lügner, diese Feiglinge! Diese ... diese ... wehe, wenn du noch einmal mit denen spielst, Simone! Wir haben nichts mehr mit den Leuten da drüben zu schaffen! Verstanden?"

Zuerst war ja Simone auch wütend – vielleicht, weil alle wütend waren. Und das muss das Schlimme gewesen sein, dass keiner aufhörte, wütend zu sein. Nein, im Gegenteil, beide Familien ließen sich von da an genug einfallen, um die gegenseitige Wut immer neu zu schüren und in Gang zu halten. Simones Vater sägte von seinen Obstbäumen alle Äste ab, die über den Zaun zum Nachbarsgarten wuchsen. Früher war es selbstverständlich gewesen, dass Carsten und Jens alle Früchte von diesen Ästen essen durften. Das war immer ein besonderes Fest für sie gewesen.

Als die Äste gefallen waren, stellte der Nachbar seine zwei Bienenkästen dicht an den Zaun, so dass Simone und ihre Eltern immer von Bienen umschwärmt wurden, wenn sie einmal auf ihrer Terrasse in Ruhe Kaffee trinken wollten. So ging es weiter und weiter. Der jüngste Racheakt war Simones zertrampelter Schnee-Nikolaus.

Gestern noch wäre sie, kaum dass sie es gesehen hätte, heulend zu ihrem Vater gelaufen und hätte es gepetzt – und ihrem Vater wäre ganz sicher ein Gegenschlag eingefallen. Gestern noch! Aber heute? In zehn Stunden ist Bescherung und Weihnachten beginnt!

Im Sommer noch und auch im Herbst, wenn Simone

allein im Garten spielte und sich zuletzt immer so langweilte, dachte sie insgeheim: „Na gut, es ist mal was anderes, wenn man Streit hat, es ist aufregend, aber manchmal habe ich es regelrecht satt und würde gern wieder mit Carsten und Jens spielen. Das war immer so lustig. Na, spätestens zu Weihnachten werden wir uns doch sicher wieder vertragen." Sie weiß, dass Weihnachten als Fest des Friedens gilt. Besonders an Weihnachten sollen alle einander Gutes tun. Weihnachten war den ganzen Sommer und Herbst lang Simones geheime Hoffnung gewesen. Und nun? Keine der beiden Familien tut irgend etwas, das auf einen Frieden hinweist.

Simone steht am Fenster und muss zusehen, wie Carsten und Jens ohne ihre Hilfe eine herrliche Schneeburg bauen. Sie muss denken und grübeln, warum dieser Streit denn kein Ende nimmt und ob sie nicht etwas tun könnte, was dem Frieden wenigstens einen Weg bahnen würde. Sicher genügt es nicht, dass sie dem Vater nur das mit dem zertrampelten Schneemann verschweigt. Immerhin kommt es ihr schon wie ein guter Anfang vor, aber es kann doch nicht genügen.

Ob sich denn die Eltern gar keine Gedanken über das alles machen? Sie horcht hinüber zur Küche, wo der Vater noch beim Frühstückskaffee sitzt und seine Zeitung liest und die Mutter Kuchenteig rührt. Die Eltern reden miteinander.

„Gibt's was Besonderes?", fragt die Mutter. Dann raschelt die Zeitung und der Vater sagt: „Ach, immer das alte Lied: Unruhen auf der Westbank und in Afrika. Und wie mag's diesmal zum Fest in Rumänien aussehen?" –

„Ach ja", seufzt die Mutter, „dass die Menschen auch keinen Frieden halten können – nicht einmal zum Weihnachtsfest! Ob es daran liegt, dass keiner anfangen mag?" – „Möglich", sagt der Vater, „aber das war ja schon immer so. Es fehlt an gutem Willen, vielleicht auch an den richtigen Einfällen."

Simone horcht auf: Guter Wille? Richtige Einfälle? Guten Willen, den hat sie, daran gibt es nichts zu zweifeln; sie spürt es ja: Sie möchte Frieden mit den Nachbarn. Es fehlt also nur der richtige Einfall und ihn zu bekommen ist entsetzlich schwer. Sie kann auch nicht weiter darüber nachdenken, weil jetzt die Mutter nach ihr ruft.

„Simone! Leg mir doch schon mal bitte die neuen Kerzen für den Weihnachtsbaum zurecht und nimm die Reste der vorjährigen aus den Kerzenhaltern. Am besten kannst du die neuen gleich einstecken, sie liegen auf dem Schrank."

„Ja, ja!", ruft Simone gedankenverloren zurück, geht zum Schrank und macht die Kerzenschachtel auf. Da liegen die Kerzenhalter mit den Resten der vorjährigen Kerzen, daneben sind zwei Schachteln mit neuen Kerzen. „Mutti", ruft sie, „was soll ich denn mit den alten Kerzen machen?"

„Leg sie erst einmal beiseite, wir werden schon noch sehen."

Die alten Kerzen stecken noch fest in den Haltern, sie sind mit heruntergeflossenem Wachs daran festeklebt. Simone holt sich ein kleines Messer zu Hilfe. Der Vater liest immer noch in der Zeitung, die Mutter knetet ihren

Kuchenteig. Von denen hat jetzt keiner Zeit, über den Frieden und die richtigen Einfälle nachzudenken. Simone muss sich weiterhin den Kopf allein zermartern. Zehn alte Kerzenreste hat sie schon aus den Haltern geholt. Wie viele sind es noch? Zwölf, macht zweiundzwanzig Kerzenreste, manche noch halbhoch, man könnte sie doch zu Ende brennen lassen. Man könnte sie zum Beispiel abends draußen in den Schnee stecken.

Halt, das ist überhaupt *der* Einfall, ja, das muss der richtige Einfall sein! Simone arbeitet jetzt so schnell, als hätte sie an diesem Tag noch so viel zu tun wie die Mutter. Die alten Kerzen raus, die neuen rein, jetzt die alten Kerzen weg, in eine Schachtel mit ihnen. Streichhölzer dazu, die Schachtel verschwinden lassen! Wohin? Am besten gleich in die Manteltasche.

Jetzt muss alles genau überlegt werden. Am Spätnachmittag werden die Eltern mit ihr in die Kirche gehen. Wenn sie zurückkommen, wird Simone allein in der Küche auf die Bescherung warten müssen. Voriges Jahr hat es fast eine Stunde gedauert, bis sie endlich ins Weihnachtszimmer kommen durfte. Das ist eine lange Zeit, in der niemand schaut, was sie tut, in der sie also gut in den Garten gehen könnte. Auf diese eine Stunde wird es ankommen; in dieser einen Stunde muss ihr Plan gelingen.

Simone ist so sehr mit den Gedanken an ihren Friedensplan beschäftigt, dass sie gar nicht mehr an die Bescherung denkt. So ungeduldig wie heute war sie noch nie vor dem Weihnachtsfest. Natürlich merken das die Eltern, aber sie denken, es hinge mit der Bescherung zusammen. Als Simone nach der Kirche allein in der Küche bleiben muss, sagt der Vater scherzhaft besorgt: „Wir könnten ebensogut einen wilden Tiger allein in der Küche lassen."

Kaum haben sich die Eltern im Weihnachtszimmer eingeschlossen, schleicht Simone hinaus und schlüpft in den Mantel. Die Schachtel mit den Kerzen und den Streichhölzern ist ja bereits in der Tasche. Jetzt kommt es nur darauf an, dass niemand die Haustür gehen hört. Simone schleicht wie ein Indianer, ganz sachte lässt sie die Tür ins Schloß gleiten.

Draußen ist es längst dunkel, es fällt auch kein Schnee mehr. Schon vor dem Kirchgang hatte es aufgehört zu schneien. Simone stapft durch den Garten, an ihre Spur kann sie jetzt nicht auch noch denken – und warum auch? Jeder kann es wissen, dass sie es war, die den Frieden angefangen hat. Bei dem vielen Schnee ist es schwer, über den Nachbarzaun zu klettern, aber sie schafft es, wenn sich die Stiefel dabei auch bis oben mit Schnee füllen. Nur noch ein paar Schritte und sie ist an der Schneeburg.

Simone kann fast nichts sehen, sie muss sich ganz auf ihre Hände verlassen. Sie fischt eine Kerze nach der andern aus ihrer Tasche und steckt jede auf die Mauer der Schneeburg – nicht zu tief, aber doch fest genug. Bis schön verteilt im Kreis herum zweiundzwanzig halbe Kerzen feststecken, das dauert eine Weile. Gut, dass es windstill ist! Gut, dass kein Schnee mehr fällt! Die Streichhölzer sind zum Glück trocken geblieben. Simone reißt das erste an und hält es an den Docht der zuletzt eingesteckten Kerze. Er fasst Feuer, ein Flämmchen flackert. Jetzt die zweite Kerze, die dritte, die vierte und – da hört sie eine Tür schnappen, hört Schritte. Sie erstarrt geradezu vor Schreck, sie kann nicht mehr weglaufen. Eine Sekunde später stehen Carsten und Jens neben ihr.

„Siehst du, es ist doch Simone!", sagt Carsten triumphierend. „Wir haben dich nämlich vom Küchenfenster aus beobachtet, weil wir auf die Bescherung warten müssen. Was machst du denn hier?"

„Ich wollte – ich dachte – es – es ist doch Weihnachten! Das Fest des Friedens! Ich wollte meine Lichter auf eure Burg stecken und ..." Weiter kann Simone nichts sagen, sie bleibt vor Aufregung stecken. Aber was sie sagte und vor allem, was sie tat, scheint schon zu genügen.

Die Jungen lachen sie nicht aus, sie sagen gar nichts. Carsten nimmt ihr die Seichhölzer ab und zündet damit die restlichen Kerzen an. Erst als alle Kerzen brennen, als die weiße Schneeburg wie eine richtige Weihnachtsburg glitzert und leuchtet und Simone staunend davorsteht – denn so schön hatte sie sich das nicht vorgestellt – erst da sagt Jens: „Und weißt du was? Jetzt singen wir alle ein Weihnachtslied. Und morgen bauen wir deinen Schneemann wieder auf."

„Gut", sagt Simone, und: „Welches Weihnachtslied denn?"

„Hauptsache, wir singen laut", sagt Carsten, „damit unsere Eltern es hören und rauskommen. Die sollen Augen machen!"

73

„Wir können ja ‚O Tannenbaum' singen", schlägt Jens vor.

„Nein", sagt Simone, „das passt nicht so gut zu der Burg."

„Dann eben ‚Vom Himmel hoch'."

„Aber schön laut!", sagt Carsten schnell noch einmal und stimmt schon an. Und sie singen, dass es durch die ganze Straße schallt: „Vom Himmel hoch, da komm ich her, ich bring euch gute neue Mär ..."

CHRISTA STEEGE

Nikolaus, der Bischof von Myra

Vor vielen hundert Jahren lebte in der Stadt Myra in Kleinasien ein Mann, der hieß Nikolaus. Er war Bischof und er wollte immer allen Menschen Gutes tun und ihnen helfen. Einmal war in Myra eine große Hungersnot, denn es gibt dort nicht viele fruchtbare Felder und die Ernte war schlecht in jenem Jahr und auch die Fischer hatten nicht viel fangen können. So gab es nichts mehr zu kaufen in der Stadt, kein Brot, kein Fleisch, keinen Fisch und kein Gemüse. Alle Menschen hungerten, die armen und die reichen, und der Bischof Nikolaus hungerte auch und konnte ihnen nicht helfen.

Aber die Leute von Myra wussten, dass Schiffe mit Korn zu ihnen unterwegs waren. Sie warteten nur schon zu lange darauf! Wenn die Schiffe nicht bald kämen, würden viele von ihnen an Hunger sterben müssen. Sie liefen jeden Tag zum Hafen und zum Strand und sahen auf das Meer hinaus und warteten und warteten. Die Schiffe kamen nicht.

Damals wohnten in Myra drei Geschwister, ein großer Junge, ein kleiner Junge und dazwischen ein Mädchen. Sie waren meist den ganzen Tag unterwegs, liefen durch die Stadt, durch die Gärten am Stadtrand oder zu den Fischern an den Strand und hofften, sie würden irgendwo etwas zu essen finden. Aber in der Stadt gab ihnen niemand etwas, die Obstbäume in den Gärten waren längst abgeerntet und die Fischer hatten selbst genug hungrige Kinder zu Hause. An einem dieser Tage machten die Kinder sich auf den Heimweg, noch hungriger, als sie von zu Hause fortgegangen waren, und so müde, dass sie schon stolperten. Die beiden Kleinen fingen an zu weinen und der Große wusste nicht, wie er sie trösten sollte. Zu Hause war auch kein Stückchen Brot zu erwarten. Es war nicht einmal sicher, ob die Mutter Mehl oder sonst irgend etwas für eine dünne Suppe hatte. Freilich, ein Bett hatten sie daheim, sie würden sich wenigstens ausruhen können.

Es wurde schon dunkel. Zwei Männer überholten sie, der eine trug hohe Stiefel und einen Schiffermantel, der andere hatte ein dunkelhäutiges Gesicht und war wie ein Knecht gekleidet. Das kleine Mädchen schluchzte gerade und zog durch die Nase hoch. Da wandte sich der Mann im Schiffermantel um.

„Warum weinst du, Kind?", fragte er freundlich.

„Hunger!", riefen die beiden Kleinen.

Der Große schwieg. Der fremde Mann konnte sich doch wohl denken, weshalb sie traurig waren.

„Glaub's wohl", sagte der Mann. „Aber ihr werdet nicht mehr lange hungern müssen. Bald kommen die Schiffe!"

Der große Junge nickte. Aber wann würden sie kommen? Morgen? Übermorgen? Oder noch später? Und sie hatten doch jetzt Hunger, so schlimmen Hunger!

Hatte der Mann seine Gedanken erraten? Er sagte:

„Ja, ihr habt jetzt Hunger, ihr Armen! Was helfen euch da die Getreideschiffe, die noch nicht da sind!" Dann fragte er den Knecht: „Haben wir denn wirklich schon alles verteilt und weggegeben, Ruprecht?"

„Alles, Herr", antwortete der Dunkle. „Wir haben nur noch das Stückchen Brot und das bisschen gekochten Fisch, das die alte Frau mir gegeben hat. Aber ich hab ihr fest versprechen müssen, dass Ihr's auch ganz gewiss nicht verschenkt. Ihr sollt es selbst essen, Herr."

„Wenn du ihr das versprochen hast, so gib die Sachen her. Aber da ist doch noch etwas im Korb?" Der Mann im Schiffermantel steckte das Päckchen mit Brot und Fisch in die Tasche.

Der Knecht sagte: „Da ist nur noch die Decke für den Lahmen, der immer an der Kirchentür bettelt."

„Bring sie ihm doch gleich, Ruprecht. Ich will inzwischen mit den Kindern gehen. Wir treffen uns dann wieder zu Hause."

Als der Knecht um die Straßenecke gegangen war, nahm der Mann im Schiffermantel das Päckchen aus seiner Tasche und teilte Brot und Fisch in vier Stückchen. So aßen sie alle vier, der Mann und die drei Kinder. Zum Sattwerden reichte es für keinen, aber die Kinder waren nun doch nicht mehr ganz so hungrig wie vorher. Sie bedankten sich und liefen nach Hause.

Als sie den Eltern von dem freundlichen Mann erzählten, sagte der Vater: „Ruprecht hat er zu dem Knecht gesagt? Dann muß es der Bischof Nikolaus gewesen sein!"

77

„Nein", rief der Älteste, „das war nicht der Bischof! Er trug doch einen Schiffermantel!"

„Das tut er, wenn er nicht erkannt werden will", sagte die Mutter. „Die Leute sollen nicht wissen, wer ihnen Gutes tut. Das erzählt man sich von ihm in der Stadt."

Am nächsten Morgen war alles wie immer: Hunger, Hunger hatten die Kinder! Sie tranken einen Becher Wasser und gingen wieder fort, um sich etwas zu essen zu suchen. Aber zuerst wollten sie wissen, ob der Mann, den sie gestern getroffen hatten, wirklich der Bischof war. Nach der Frühmesse zog der Bischof mit allen Leuten aus der Kirche zum Hafen, um dort für die sichere und schnelle Ankunft der Schiffe zu beten. Das wussten die Kinder. Zum Hafen mussten sie also gehen, wenn sie den Bischof sehen wollten.

Am Hafen kletterten sie auf einen Baum. Von oben hatten sie einen guten Ausblick nach allen Seiten. Bald ging die Kirchentür auf und der Bischof und die Leute kamen zum Hafen herunter.

„Er ist es doch nicht!", flüsterte das kleine Mädchen. Denn der Mann im Bischofsgewand sah wirklich ganz anders aus als der Fremde im Schiffermantel.

Auch der kleine Junge schüttelte den Kopf. „Er hat auch keine Stiefel an!", sagte er.

„Haltet den Mund!", flüsterte der Große. „Natürlich trägt er in der Kirche keinen Schiffermantel und keine Stiefel! Aber seht doch nur sein Gesicht und seine Augen an! Ich sage euch, er ist es! Hört doch seine Stimme!"

Dann aber vergaß er alles: „Die Schiffe! Die Schiffe

kommen!", rief er laut. Tatsächlich! Vom Baum aus
konnten die Kinder winzige Segel in der Ferne erkennen. Alle Menschen auf dem Platz schrien durcheinan-
der vor Freude. Ja, nun konnten auch sie alle die Schiffe
sehen! Wann würden sie endlich im Hafen sein? Mussten
sie denn so langsam segeln oder sah es nur aus der Ferne
so langsam aus?

Aber was war das? Da kamen ja noch andere Schiffe,
schnell und leicht schoben sie sich vor die langsamen,
schwerbeladenen. Jetzt verteilten sie sich vor der Hafen-
einfahrt, dass sie abgeschlossen war wie mit einer Kette.
Was waren denn das für Boote, wollten sie die Getreideschiffe nicht in den Hafen lassen? „Die Seeräuber!", riefen die Menschen.

Die Seeräuber sperrten mit ihren Booten den Hafen
ab. Was hatten sie vor? Jetzt löste sich ein Boot aus der
Reihe, kam näher und legte an. Die Ratsherren der Stadt
standen an der Hafenmauer.

Der Seeräuberkapitän rief ihnen zu: „Wenn ihr uns
nicht dieses Boot bis an den Rand mit Gold füllt, halten
wir die Kornschiffe auf oder wir versenken sie!"

Aber die armen Menschen in Myra hatten doch kein
Gold mehr! Auch die Reichsten hatten längst alles für
Brot weggegeben. Nur der eine oder andere hatte noch
ein einzelnes Schmuckstück, einen Ring oder eine Mün-
ze, etwas besonders Schönes oder ein Andenken. Nun
liefen sie und holten auch dieses Letzte noch.

Aber die paar Münzen, Ringe und Schmuckstücke
bedeckten nicht einmal den Boden des Bootes. Der Seeräuberkapitän lachte höhnisch, als er das sah.

Die Mütter riefen: „Denk doch an unsere hungrigen Kinder! Lass die Schiffe herein!"

Er sah sie nachdenklich an. Und dann sagte er: „Gut. Gebt mir für jedes fehlende Pfund Gold ein Kind! Wir werden die Kinder als Sklaven verkaufen, so kommen wir doch noch zu unserem Geld. Eine Stunde gebe ich euch Zeit. Sind die Kinder bis dahin nicht hier, dann wisst ihr ja, was wir tun!"

„Niemals, niemals geben wir unsere Kinder her!", riefen die Mütter. Aber manche Leute schrien: „Die Kinder müssen ja doch verhungern und wir alle auch! Gebt sie ihnen! Dann bleiben sie wenigstens am Leben!" – und schon rannten sie zu den Häusern und trieben die Kinder zusammen.

Starr vor Schrecken saßen die drei Geschwister im Baum. Was sollten sie tun? Der gute Bischof musste sie beschützen! Aber sie sahen ihn nicht mehr. War er fortgegangen?

„Seid still, damit sie uns nicht finden!", flüsterte der große Junge den Geschwistern zu.

Und da, gerade in diesem Augenblick blickte jemand nach oben und wies mit dem Finger auf sie. Sie wurden vom Baum gezerrt.

„Drei mehr!", rief jemand und sie wurden auf die schmale Planke gedrängt, die vom Ufer zum Boot hinübergelegt war. Dort hockten schon die ersten unglücklichen Kinder.

„Halt!", rief da ein Mann vom Ufer her. „Gebt die Kinder zurück! Hier ist das Gold, das fehlt!"

Da stand Bischof Nikolaus und in seinen Armen trug er alle Kostbarkeiten aus der Kirche: Goldene Altargeräte, Leuchter, Kreuze aus reinem Gold!

Der wilde Kapitän staunte. Die Kinder ließ er gern wieder frei – nur rasch ins Boot mit all dem Gold und rasch damit aufs Meer hinaus!

Bald löste sich die Kette der Segler und langsam kamen die großen Getreideschiffe näher. Die Menschen am Ufer schrien vor Freude.

Leer von allen Schätzen, arm und kahl sah nun die Kirche von Myra aus. Aber die Menschen waren glücklich, dass sie ihre Kinder behalten durften. Und nun gab es auch wieder Brot in der Stadt! Bischof Nikolaus hatte allen geholfen.

Darum, weil er ein so guter Mensch war, nannte man ihn später den heiligen Nikolaus – Sankt Nikolaus. Und so heißt er heute noch. All dies ist vor 1600 Jahren geschehen. Der Bischof Nikolaus ist längst gestorben. Aber zur Erinnerung an ihn, und weil er die Kinder so liebte, feiern wir immer noch seinen Todestag, den 6. Dezember.

MIG HOLDER

Die weite Reise

Vor langer, langer Zeit lebte in einem fernen Land ein reicher junger Mann. Artaban war sein Name. Das Haus, in dem Artaban wohnte, war prächtig anzuschauen. Seine weißen Marmorwände glänzten, wenn die Sonne schien.

Eines Nachts blickte Artaban aus seinem Fenster in den dunklen Himmel hinauf. Drei ältere Männer standen bei ihm; alle vier waren sie Gelehrte, die den Lauf der Gestirne beobachteten.

„Da ist er wieder!" Melchior, einer von Artabans Freunden, wies aufgeregt in die Höhe. Über ihnen am Himmel funkelte ein großer, heller Stern.

Die beiden anderen Männer, Kaspar und Balthasar, breiteten eine Schriftrolle aus. „Von solch einem Stern erzählen die alten Schriften", erinnerte sich einer. „Hier steht es: Folgt diesem Stern, dann findet ihr den neugeborenen König, der die Welt verändern wird."

Kaspar, Melchior und Balthasar begannen, Pläne zu schmieden. „Wir brauchen Proviant, Landkarten und gute Kamele."

„Vergesst nicht die Geschenke für den neuen König! Wann können wir endlich aufbrechen?"

In ihrem Eifer hatten sie Artaban ganz vergessen. „Wo wollen wir uns treffen?", fragte Artaban entschlossen.

Überrascht sahen die drei zu ihm hinüber. „Ach, du willst auch mitkommen?", fragte Melchior.

„Aber sicher", antwortete Artaban. „Merkwürdig, ich habe den Eindruck, dass wir nicht nur einen neuen König finden werden, sondern auch das Geheimnis des Lebens."

Die drei Männer starrten ihren Freund verständnislos an. „Gut, Artaban", sagte schließlich Kaspar und seine Augen funkelten listig. „Wir gehen nach Borsippa und packen unsere Karten und Beobachtungsinstrumente ein. Dort treffen wir uns am Tempeleingang. Wenn du aber bis Mitternacht des dritten Tages nicht gekommen bist, gehen wir ohne dich."

„Abgemacht!", rief Artaban fröhlich, und schon lief er fort, um seine Vorbereitungen zu treffen.

„Was sollen wir bloß mit ihm anfangen?", beschwerte sich Balthasar. „Willst du ihn wirklich mitnehmen?"

„Mach dir keine Sorgen", beruhigte ihn Kaspar. „Du kennst ihn doch! Er wird niemals rechtzeitig am Treffpunkt sein!"

Die drei lachten.

Artaban konnte es kaum noch erwarten, dass die Reise losging. Aber vorher musste er an so vieles denken. Er brauchte leichte Kleidung für den Tag und warme für die Nacht, ein Zelt, eine Decke, Lebensmittel ... Außerdem Futter für das Kamel, Wasser, Öl ... Die Liste wurde immer länger. Natürlich, fast hätte er es vergessen: Er brauchte auch ein Geschenk für das Königskind.

Artaban eilte zum Markt, wo die reichen Kaufleute beieinanderstanden. Ohne zu zögern verkaufte Artaban alles, was er besaß: seine wertvollen Bücher, seine Möbel und alle seine Kamele bis auf eines, das er für die Reise brauchte. Von dem Erlös kaufte er drei kostbare Edelsteine: einen tiefblauen Saphir, einen funkelnd roten Rubin und zuletzt eine silbrig schimmernde Perle, so vollkommen gestaltet, wie er noch niemals eine gesehen hatte.

„Das sind königliche Geschenke", flüsterte Artaban und versteckte den kostbaren Schatz in einem Lederbeutel, den er am Gürtel trug.

Noch ehe die Sonne am nächsten Morgen ihre goldenen Strahlen zur Erde schickte, sattelte Artaban sein Kamel und los ging die Reise. Drei Tage hatte er Zeit, um zum Treffpunkt zu gelangen. Das musste reichen. Sein Kamel war noch ausgeruht und trabte geduldig durch den Wüstensand. Wenn die Sonne gar zu heiß brannte, rastete Artaban im Schatten einiger Felsblöcke; nachts schlief er in seinem kleinen Zelt. So vergingen zwei Tage. Am dritten Tag wurde der Weg steil und unwegsam. Die Sonne brannte unbarmherzig vom Himmel. Das Kamel war erschöpft, doch Artaban wagte nicht, Rast zu machen. Um jeden Preis wollte er rechtzeitig den Tempel erreichen. Er trieb sein Tier zur Eile an. Plötzlich hörte Artaban ein Wimmern. Er blieb stehen und lauschte. Da war es wieder – ganz in der Nähe.

Artaban stieg ab und blickte sich um. Hinter einem Felsen entdeckte er die zusammengesunkene Gestalt eines Mannes. Er hatte eine große Wunde am Kopf; seine Augen waren geschlossen.

Artaban zögerte. Wenn er sich um den Verletzten kümmerte, würde er vermutlich zu spät den Treffpunkt erreichen.

In diesem Moment schlug der Mann seine Augen auf. „Ich bin überfallen worden", stöhnte er. „Bitte hilf mir!"

Artaban wusste, was er zu tun hatte. Er goss ein wenig von seinem kostbaren Trinkwasser auf ein Tuch, wusch die Wunden des Mannes und verband sie. Dann lud er den Verletzten auf sein Kamel und ganz langsam machten sie sich auf den Weg zum nächsten Dorf.

Als die beiden das Dorf erreichten, wurde es schon dunkel. Artaban ging von Tür zu Tür. Er musste jemanden finden, der sich um den Verletzten kümmerte. Aber eine Tür nach der anderen wurde zugeschlagen.

„Sollen wir etwa das Essen und die Medizin für den Kranken bezahlen?", fragten die Menschen.

Artaban war verzweifelt. Als sich das nächste Mal die Tür öffnete, streckte er der Hausbewohnerin seinen funkelnden Saphir entgegen: „Der Stein gehört dir, wenn du dich an meiner Stelle um diesen armen Menschen kümmerst", sagte er. Die Frau sah ihn verwundert an, nahm den Edelstein und führte den Verwundeten ins Haus.

Als Artaban in dieser Nacht sein Lager aufschlug, war er sehr traurig. Er würde sein Ziel nicht mehr rechtzeitig erreichen und gewiss würden die anderen Männer nicht auf ihn warten. Doch plötzlich hatte er eine Idee.

„Ich werde eben allein reisen!", rief er laut in die Dunkelheit. „Ich werde dem Stern folgen, bis ich den König gefunden habe."

Die lange Reise begann. Artaban schlief tagsüber und

nachts zog er weiter. Der helle Stern am Himmel war sein einziger Wegweiser. Wochen, Monate vergingen. Dann kam Artaban in ein kleines Dorf. Konnte das vielleicht der Ort sein, wo das Königskind geboren war?

Artaban wanderte durch die Gassen des schlafenden Dorfes. Plötzlich horchte er auf: Kindergeschrei. Es kam aus einem der Häuser. Sollte er am Ziel seiner Suche angekommen sein? Kräftig klopfte er an die Tür.

Die Tür wurde einen Spalt breit geöffnet und Artaban blickte in das erschrockene Gesicht einer Frau. Tränen standen in ihren Augen. „Gott sei Dank, kein Soldat!", seufzte sie erleichtert.

„O nein", antwortete Artaban, „ich bin nur ein erschöpfter Reisender." Und er erzählte, warum er die lange Reise unternommen hatte.

„Komm doch herein", bat ihn die Frau.

Artaban trat in einen dunklen Raum. In einer Ecke versuchte ein Mann ein weinendes Kind zu beruhigen.

„Wir haben solche Angst", erklärte die Frau. „Hier in Bethlehem ist vor kurzem ein Kind geboren, ein kleiner Junge. Er wurde Jesus genannt. Man sagte, dass er ein mächtiger König werden würde. Da bekam unser König Herodes Angst. Er befahl, dass alle Jungen aus Bethlehem, die noch nicht zwei Jahre alt sind, getötet werden. Verstehst du, warum wir jedesmal erschrecken, wenn es klopft?"

In diesem Augenblick hörte man schwere Stiefel, die im Gleichschritt die Straße entlang dröhnten. Die Frau zuckte zusammen und das Kind begann laut zu weinen. Jemand klopfte heftig und ungeduldig an die Tür.

Artaban überlegte nicht lange. Er griff nach seinem Lederbeutel und trat vor die Tür.

„Geh mir aus dem Weg!", brummte der Soldat und wollte Artaban zur Seite schieben. „Wo ist das Kind?"

Aber Artaban wich nicht vom Fleck. Er streckte dem Soldaten eine Hand entgegen; der dunkelrote Rubin zwischen seinen Fingern funkelte im Mondlicht.

„Der Stein gehört dir, wenn du das Kind leben lässt."

Ohne ein Wort zu verlieren, griff der Soldat nach dem Stein, drehte sich um und ging die Straße hinunter.

„Wie können wir dir jemals danken?", rief die Mutter des Kindes. Durch den Türspalt hatte sie alles beobachtet. „Der Rubin war unendlich wertvoll."

„Kein Edelstein ist so wertvoll wie das Leben eines Kindes", erwiderte Artaban ruhig und verließ das Haus.

Traurig stieg er auf sein Kamel. Das Geheimnis des Lebens hatte er immer noch nicht gefunden. Und außerdem hatte er schon zwei der kostbaren Steine weggegeben, die er doch dem neugeborenen König schenken wollte.

Artaban zog weiter. Man erzählte ihm, dass er das königliche Kind vielleicht in Ägypten finden würde. Seine Eltern seien vor den Soldaten dorthin geflohen. Aber auch in Ägypten entdeckte Artaban keine Spur des neuen Königs.

Wochen und Monate vergingen; die Monate wurden zu Jahren. Noch immer zog Artaban durch die Welt. In seinem Gürtel trug er – sicher verwahrt – seine letzte Kostbarkeit, die schimmernde Perle. Um keinen Preis der Welt würde er sie verkaufen.

Eines Tages erreichte Artaban die große Stadt Jerusalem. Ziellos schlenderte er über die sonnendurchglühten Straßen.

Plötzlich erblickte er eine Menschenansammlung. Ein junges Mädchen, die Hände auf dem Rücken gefesselt, wurde von einem Mann vorwärts gestoßen. Sie weinte bitterlich.

Der Mann rief immer wieder: „Sklavin zu verkaufen! Jung und fleißig!"

Empört trat Artaban auf den Sklavenhändler zu. „Ich zahle dir, was du verlangst", bot er ihm an.

„Hast du denn Geld?", fragte der Mann höhnisch.

Artaban wurde blass. Seine Finger tasteten nach der Perle in seinem Gürtel. Einen Augenblick zögerte er. Dann hielt er dem Händler die schimmernde Perle entgegen.

Die Menschenmenge verstummte. Diese Perle war hundertmal mehr wert, als üblicherweise für eine Sklavin gezahlt wurde!

Hastig griff der Händler nach der Perle und schob das Mädchen zu Artaban hinüber.

Behutsam löste Artaban die Fesseln von ihren Händen. „Du bist frei", sagte er.

Sie schaute ihn ungläubig an. „Aber du hast diese unendlich wertvolle Perle für mich bezahlt!"

„Eine ganze Kiste voller Perlen ist nicht so kostbar wie die Freiheit eines Menschen", gab Artaban zur Antwort.

In diesem Moment sah Artaban eine aufgebrachte Menschenmenge herankommen. Zwei Soldaten trieben einen Mann vor sich her. Sie hatten ihm eine Krone aus Dornen aufgesetzt; Blut lief über sein Gesicht.

Die Menschen schrien: „Jesus, Jesus! König der Juden!"

Artaban trat der Menge entgegen. Als er in das Gesicht des Gefangenen sah, wurde ihm blitzartig klar: Dies war der Mann, den er so lange gesucht hatte!

„Ich dachte, du würdest ein mächtiger König werden", sagte Artaban traurig, „aber sie wollen dich töten."

„Dies ist mein Weg", antwortete Jesus. „Ich bin dazu bereit."

Artaban wurde verlegen. „Vor vielen Jahren, als ich mich auf den Weg machte", stammelte er, „da besaß ich drei kostbare Steine. Ich wollte sie dir schenken. Aber jetzt habe ich nichts mehr."

„Du hast richtig gehandelt", sagte Jesus. „Du hast Menschen geholfen, die in Not waren. Das ist das schönste Geschenk, das du mir machen konntest."

Die Soldaten zerrten Jesus weiter. Aber Artaban hörte ihn noch sagen: „Ich bin nicht gekommen, um mir kostbare Schätze schenken zu lassen. Ich bin gekommen, um mich selbst als Geschenk für die Menschen zu geben."

Da wusste Artaban, dass er das Geheimnis des Lebens gefunden hatte.

LENE MAYER-KUMANZ

Der kleine Hirte und der große Räuber

In jener Nacht, als die Schafweide vom Glanz der himmlischen Boten erfüllt war, hörte auch ein kleiner Hirte die Nachricht von der Geburt des Gottessohnes. Er stand auf, rollte seine Decke zusammen, füllte einen Krug mit Milch und packte Brot und Schinken in ein Bündel. Das alles wollte er dem göttlichen Kind als Geschenk mitbringen. Voller Freude machte er sich auf den Weg nach Bethlehem.

In dieser Gegend hauste ein großer Räuber. Von seiner Höhle aus sah er den hellen Schein über der Schafweide. Er hörte jubelnden Gesang, aber er konnte die Worte nicht verstehen. Er dachte: „Die feiern ein Fest, ich aber sitze allein in meiner Höhle und mein Magen knurrt vor Hunger. Ich will mich anschleichen und sehen, was ich rauben kann."

Kaum war der große Räuber aus seiner Höhle herausgekommen, da musste er sich hinter einem Baum verstecken. Denn einer nach dem anderen zogen die Hirten an ihm vorbei. Sie schleppten Körbe mit Käse und Honig, sie trugen Rucksäcke voll Wolle und einer führte sogar ein Lamm mit sich. Der letzte in der Reihe war der kleine Hirte. Er ging langsam, denn seine Last war schwer. In der einen Hand trug er das Essensbündel, in der anderen den Krug; und die Rolle mit der Decke hatte er sich um die Schultern gelegt. Der Räuber sah, wie der Abstand zwischen dem kleinen Hirten und seinen Gefährten immer größer wurde. „Das ist mir recht", dachte der große Räuber. Und er schlich dem kleinen Hirten nach und lauerte auf eine Gelegenheit, ihn zu überfallen.

In dieser Nacht aber herrschte ein seltsames Kommen und Gehen auf allen Wegen. Gerade die Ärmsten im Lande konnten nicht schlafen. Viele krochen aus ihren Hütten, sahen zum Himmel hinauf und fragten, ob etwas Besonderes geschehen sei. Auch ein alter Mann stand vor seiner Tür, als der kleine Hirte vorüberging. Der alte Mann schlug die Hände um seinen Leib und er trat von einem Bein auf das andere.

„Was ist mit dir?", fragte der kleine Hirte.

„Ich friere", sagte der alte Mann. „Vor Kälte kann ich nicht schlafen."

Da nahm der kleine Hirte die Decke von den Schultern und gab sie dem alten Mann. „Nimm nur", sagte er. „Dem kleinen Gottessohn ist es sicher recht, wenn du seine Decke hast." Der große Räuber, der dem kleinen Hirten nachgeschlichen war, ärgerte sich. „Schenkt der die Decke her, die ich rauben will!", dachte er.

Bald darauf fand der kleine Hirte ein Mädchen, das saß vor seiner Hütte und weinte.

„Was ist mit dir?", fragte er.

„Ich habe Durst", klagte das Mädchen. „Vor Durst kann ich nicht einschlafen. Und der Weg zum Brunnen ist weit und finster."

Der kleine Hirte gab dem Mädchen den Krug mit der Milch. „Nimm nur", sagte er. „Dem kleinen Gottessohn ist es sicher recht, wenn du seine Milch trinkst."

Das Mädchen freute sich, aber der Räuber, der dem kleinen Hirten nachgeschlichen war, ärgerte sich noch mehr. „Schenkt der die Milch her, die ich rauben will!", dachte er. „Ich muss mich beeilen, dass ich wenigstens das Bündel erwische."

Und sein hungriger Magen knurrte ganz laut in der stillen Nacht.

Bei der nächsten Wegbiegung sprang der Räuber mit einem gewaltigen Satz auf den kleinen Hirten los.

Der kleine Hirte sah den großen Räuber an. „Ist das dein Magen, der so schrecklich knurrt?", fragte er. „Die ganze Zeit schon höre ich dieses Knurren hinter mir. Du tust mir Leid. Da, nimm und iss! Dem kleinen Gottessohn ist es sicher recht, wenn ich dir sein Essen gebe."

Der Räuber aß das Brot und den Schinken und ließ nicht das kleinste Stückchen übrig, aber es wurmte ihn, dass er das Essen geschenkt bekommen hatte.

„Jetzt muss ich mit leeren Händen vor dem kleinen Gottessohn stehen", sagte der Hirte traurig. „Aber hingehen und ihn begrüßen will ich doch und ihm sagen, dass ich mich über seine Geburt freue." Und er erzählte dem Räuber, was die himmlischen Boten verkündet hatten.

Der Räuber dachte: „Wenn Gottes Sohn geboren ist, kommen bestimmt auch alle reichen Leute und es wird ein herrliches Fest. Ob da für mich was abfällt?"

„Komm doch mit!", sagte der kleine Hirte mitten in

die Gedanken des großen Räubers, und der große Räuber ging mit ihm.

Als sie aber in Bethlehem angekommen waren, staunte der Räuber sehr. Denn da fanden sie nur einen Stall, in dem die Hirten ein- und ausgingen, und eine junge Mutter, die aus der Hirtenwolle eine kleine Decke webte, und einen armen Mann, der Bretter zu einem kleinen Bett zusammenfügte. Das göttliche Kind lag in einer Krippe, mit nichts als ein bisschen Stroh und ein paar Windeln unter sich.

„Diesem Kind habe ich das Brot und den Schinken weggegessen", dachte der große Räuber und schämte sich.

„Schau, Jesus", sagte die Mutter Maria, „da ist ein kleiner Hirte zu dir gekommen; er hat dir einen großen Räuber mitgebracht." Die Mutter Maria lächelte den kleinen Hirten an und der verstand auf einmal, dass er doch nicht mit leeren Händen gekommen war. Und die Mutter Maria lächelte den großen Räuber an und der war ganz verwirrt und dachte: „Da stimmt etwas nicht! Große Räuber tun keinem Leid, bekommen nichts geschenkt und werden von niemandem angelächelt. Mir scheint, ich bin gar kein großer Räuber mehr."

„Mir scheint, du könntest ein großer Hirte werden", sagte da die Mutter Maria. „Du bist so stark. Starke Hirten braucht man immer."

„Ich will's versuchen", brummte der große Räuber, der eigentlich schon keiner mehr war. Und sie verabschiedeten sich und gingen den Weg zu der Schafweide zurück; ein kleiner Hirte und ein großer Hirte.

BARBARA CRATZIUS

Vom Hirten, der nicht mit nach Bethlehem ging

Als die Hirten, die wie betäubt zu Boden gesunken waren, sich wieder erhoben, mussten ihre Augen sich mühsam an die Dunkelheit gewöhnen. So sehr hatte dieses strahlend helle Licht sie geblendet, wie ein glühender Blitzschlag hatte es sie zu Boden geworfen.

„Aber das war kein richtiger Blitz!", stammelte Ruben verwirrt. „Ich habe ja auch keinen Donner gehört", stieß Aaron aufgeregt hervor. „Aber ich habe Stimmen vernommen, laute Stimmen, Rufen, Klingen – fast wie Musik war das!", versuchte David mühsam seine Gedanken zu ordnen. „Als ob jemand aus dem Licht heraus zu uns sprechen wollte. Es war aber so gewaltig, dass ich gar nicht alles verstehen konnte. Ein Kind – ein Kind soll uns geboren sein, das uns Frieden bringt, Frieden und Freude – uns – uns!", stammelte Micha verwirrt.

„Das soll unser Messias sein, auf den wir gewartet haben, der auch uns armen Hirten hilft!", rief der alte David, und seine Augen glänzten vor Freude.

„Davon haben mir mein Vater und Großvater schon erzählt, auf ihn haben sie gewartet, die Propheten haben ihn uns verheißen!"

„In Bethlehem soll er geboren sein!", rief Aaron, „in

Bethlehem! Habt ihr gehört! Das ist das Dorf drüben hinter der nächsten Bergkette im Tal! Welch ein Glück, dass wir unsere Herden nach Norden getrieben haben und nicht weiter nach Süden, nach dem Sinai zu, wie wir es sonst immer getan haben. Nun sind wir ganz nahe an dem Ort, von dem auch die Väter immer gesprochen haben!"

„Los, treibt die Schafe zusammen, wenn wir uns beeilen, sind wir beim Morgengrauen in Bethlehem! Bello, Ajax, los, beißt zu, schneller, schneller!", schrie Ruben.

In einer gewaltigen Staubwolke wälzte sich die große Herde über Felsen, Steinbrocken und Geröll ins Tal hinab. „David!", rief Micha, „geht schon voraus, mein großes graues Schaf hat die beiden kleinen Lämmer bei sich, eins muss ich noch tragen, es ist so ungeschickt auf den Beinen!"

„Komm nur hinterher!", rief David, „du findest den Weg auch allein! Der große Stern da oben wandert ja vor uns her! Du brauchst ihm nur zu folgen!"

Micha ging jetzt langsamer. Er passte sich dem ruhigen Schritt des Mutterschafes an. Die Alte blieb immer wieder stehen, beschnupperte das kleine Schaf, das Micha trug, und schaute nach dem anderen, das mühsam hinter ihr hertrottete.

Nach einer Weile blieb das kleine Lämmchen stehen, knickte die zarten Beinchen ab und warf sich auf den Boden. Das alte Schaf blökte. Micha setzte sein kleines Lämmchen ab.

Gierig tranken die beiden Tiere bei der Mutter. Micha

stöhnte. „So kommen wir bis zum Tagesanbruch nicht mehr bis nach Bethlehem!", seufzte er.

Die Staubwolke der voranziehen Herde war nur noch schwach am Horizont zu erkennen, die Lichter von Bethlehem waren jetzt ganz hinter den Bergrücken verschwunden.

Micha warf sich neben die Tiere auf das harte Gestein. „Ich kann euch ja nicht allein in der Wüste zurücklassen!", sagte er, „nun müssen wir hier zusammen warten und ich werde das Kind nicht sehen können! Hoffentlich werden die anderen Hirten mir ganz genau erzählen, was sie bei dem neugeborenen Kind, unserem Heiland, gesehen und erlebt haben! Wie ich sie beneide!"

Damit streckte er sich auf seinem Schafpelz dicht neben dem Muttertier aus, das sich auf das Geröll gelegt hatte und mit seinem Körper die beiden Schäfchen und den Jungen wärmte.

Der Stern war weitergewandert, tiefes Dunkel umgab sie in der Kälte und Einsamkeit der Wüste.

Als Micha erwachte, stand die grelle, sengende Sonne schon hoch am Himmel. Er konnte kaum die Augen offen halten, so sehr blendete das gleißende Licht.

Ein brennender Durst quälte ihn. Die Wasserflaschen, die Schläuche mit Wein und die Brotsäcke – alles hatten die anderen Hirten mitgenommen. Das alte Schaf rieb seinen Kopf an Michas Schulter.

Ja, wie gut, dass er wenigstens die Tiere bei sich hatte und auch den kleinen Trinkbecher, den er immer in der Manteltasche trug. Er füllte den Becher mit frischer Schafsmilch, holte einen Kanten Brot hervor und ein paar Oliven fand er noch in seinem Beutel hinten am Gurt.

Als er sich gesättigt hatte, blickte er wieder gespannt in die Richtung, in der die Herde und die anderen Hirten verschwunden waren. Nein, er konnte ihnen nicht folgen. Auch das andere Lämmchen torkelte so schwach und elend auf seinen dünnen Beinchen um die Mutter herum. Zwei Lämmer konnte er nicht durch die Wüste schleppen! Und die Alte litt solchen Durst!

Wenn bloß die Hirten bald zurückkommen würden! Da – was war das? Die Umrisse von zwei Gestalten wurden auf der Hügelkette sichtbar. Micha schaute angestrengt immer wieder in die Richtung, bis ihm die Augen schmerzten. Er wollte die kleinen schwarzen Punkte nicht aus dem Blick verlieren. Die Gestalten kamen schnell näher, als ob sie in höchster Eile gingen, fast liefen sie, obwohl ihnen Geröll und lose Steine den Weg erschwerten.

Micha erkannte einen voll beladenen Esel, darauf eine Frau in einem weiten Umhang, ein Mann schritt eilends nebenher.

Als sie schon nahe herangekommen waren, erhob sich Micha und ging ihnen entgegen. Er sah, dass die Wanderer sehr erschrocken waren, ja, sich ängstlich umschauten, als ob sie vor ihm, dem kleinen Hütejungen, fliehen wollten. Als sie sahen, dass er allein mit den Schafen war, kamen sie näher und blieben erschöpft stehen. Er sah, dass die Frau vor Müdigkeit zur Seite gesunken war, ihr weiter Mantel öffnete sich. Da erblickte er ein kleines Kind, eng an den Körper der Mutter gepresst. Obwohl die Mittagssonne jetzt im Zenit stand und mit großer Helligkeit auf sie niederbrannte, schien es ihm, als ob dieses kleine Kind von einem Licht umgeben war, das noch heller und strahlender leuchtete als die unbarmherzige Wüstensonne.

Dann fiel sein Blick auf die Säcke und Beutel zu beiden Seiten des Esels.

„Kommt, ich gebe euch noch Milch von meinem Schaf mit auf den Weg!", sagte er, „ihr werdet noch eine weite Reise vor euch haben und es ist nicht gut, wenn die Schläuche nur halb gefüllt sind. Die Schafsmilch wird euch stärken!"

„Ich danke dir!", sagte der Mann, der neben dem Esel hergegangen war. „Du bist barmherzig gewesen! Das werden wir dir nie vergessen!"

„Und unser Vater im Himmel wird dich dafür segnen!", fügte die Frau auf dem Esel hinzu und sah ihn ernst und doch liebevoll an.

Micha bückte sich wie unter einem Zwang und reichte der Frau das weiche, weiße Schaffell, auf dem er gelegen hatte. „Nehmt das mit, es ist nachts so kalt auf dem steinigen Boden!", sagte er leise.

Als die drei eilends weiterzogen, musste Micha ihnen unverwandt nachschauen, bis sie sich mehr und mehr entfernten und dann hinter einem langgezogenen Berggrat verschwunden waren.

Er war wie betäubt, fast so wie in der vorigen Nacht, als das himmlische Licht ihnen erschienen war und die Stimmen aus der Höhe zu ihnen gesprochen hatten.

Er fasste sich erst, als in der Ferne Rufe laut wurden

und er die herannahende Herde und die Hirten in einer Staubwolke erkannte. „Micha, wir haben den Herrn, unsern Heiland gesehen!", riefen die Hirten ihm schon von weitem entgegen.

„Warum hast du die Schafe nicht zurückgelassen! Du hättest mitkommen sollen! Nun hast du das Kind, den Messias, nicht erblickt!", rief Ruben.

„Ich glaube, ich habe ihm auf meine Weise gedient!", antwortete Micha. Die anderen blickten ihn ungläubig und spöttisch an. „Lass ihn!", sagte der alte David, „die Sonne hat ihn verwirrt. Er ist ja den ganzen Tag ohne Wasser in der Wüste allein gewesen.

Aber vielleicht hat er Recht: Es gibt wohl viele Wege, wie wir Menschen ihm helfen können!"

Babuschka

Die Geschichte von Babuschka ist schon sehr alt. Von Generation zu Generation wurde sie weitererzählt. Besonders die Kinder in Russland lieben diese Geschichte. Es heißt, dass Babuschka zu Weihnachten von Haus zu Haus geht und das Christuskind sucht. Und immer wenn sie ein schlafendes Kind sieht oder von einer guten Tat hört, holt sie ein Spielzeug aus ihrem Korb und lässt es als Geschenk zurück – für alle Fälle ...

Es geschah vor langer Zeit im alten Russland. Die Einwohner des kleinen Dorfes standen aufgeregt beieinander und steckten die Köpfe zusammen.

„Habt ihr ihn letzte Nacht gesehen?"

„Natürlich!"

„Und er war noch größer."

„Er hat sich bewegt, er kommt auf uns zu. Morgen Nacht wird er hoch über uns stehen."

An diesem Abend wollte keiner ins Bett gehen. Aufgeregt warteten die Menschen darauf, dass der helle Stern wieder am Himmel erscheinen würde.

Niemand konnte anschließend sagen, wer als erster die Nachricht gehört hatte. In Windeseile huschte sie von Haus zu Haus, von Mund zu Mund.

„Habt ihr schon gehört?"

„Eine Armee ist auf dem Weg zu uns!"

„Nein, keine Armee – Könige oder reiche Händler."

„Männer mit Pferden und Kamelen und wertvollen Schätzen."

Am nächsten Morgen waren alle früh auf den Beinen. Neugierig standen die Menschen auf der Straße; auf keinen Fall wollten sie die Ankunft der Fremden verpassen. Niemand ging an seine Arbeit.

Niemand – außer Babuschka. Die alte Babuschka hatte immer viel Arbeit. Jeden Tag putzte, wischte und kehrte sie von früh bis spät. Ihr Haus war das sauberste und aufgeräumteste im ganzen Dorf. Alles blitzte und blinkte, kein Stäubchen war zu finden.

Auch ihr Garten war eine Pracht, und wenn Babuschka kochte, dann lief allen das Wasser im Mund zusammen, so gut duftete es aus ihrer Küche.

„So eine Aufregung um einen Stern!", brummelte sie, während ihr Besen über den sauberen Fußboden kehrte. „Ich habe nicht einmal Zeit, zum Himmel zu sehen. Ich werde nicht fertig, ich muss die ganze Nacht durcharbeiten!"

So kam es, dass Babuschka den Stern nicht sah, wie er glitzernd hell hoch über ihrem Dorf am Himmel stand. Sie sah auch nicht die Reihe von Lichtern, die sich im Morgengrauen auf das Dorf zu bewegte. Sie hörte nicht den Klang der Pfeifen und Trommeln, der lauter wurde. Sie hörte nicht die Stimmen vor ihrem Haus – dann das plötzliche Schweigen der Dorfbewohner und die Schritte, die auf ihre Tür zukamen!

Aber das Klopfen! Das hörte Babuschka.

„Was ist los? Wer mag das sein?", fragte sie sich und öffnete die Tür.

Der alten Frau blieb vor Schreck der Mund offen stehen. Vor ihrer Tür standen drei Männer, die aussahen wie Könige. Sie waren in prächtige Mäntel gekleidet und trugen wertvolle Geschenke bei sich.

„Die Herren suchen einen Platz, wo sie sich ausruhen können", sagte der Diener, der die drei Männer begleitete. „Und dein Haus ist das schönste im ganzen Dorf, darum möchten wir ..."

„Ihr ... ihr wollt hereinkommen?", fragte Babuschka erschrocken.

„Wenn es möglich ist. Nur für ein paar Stunden – solange bis es Nacht wird und der Stern wieder am Himmel erscheint."

Babuschka schluckte.

„Tretet ein!", sagte sie feierlich.

Die alte Babuschka setzte den Fremden ein köstliches Mahl vor: selbstgebackenes Brot, Pasteten, Gurken, Marmelade, Kuchen ... Nichts fehlte. Die Augen der Männer glänzten vor Freude. Während Babuschka ihre Gäste bediente, stellte sie eine Frage nach der anderen.

„Kommt ihr von weit her?"

„Ja, sehr weit", antwortete Kaspar.

„Und wo wollt ihr hin?"

„Wir folgen dem Stern", sagte Melchior.

„Aber wohin?"

Sie erklärten der alten Frau, dass sie das selbst nicht wussten. Aber sie glaubten, dass der Stern sie schließlich zu einem neugeborenen König führen würde, zu einem

König, wie die Welt ihn noch nicht gesehen hätte, zu dem König des Himmels und der Erde.

„Warum kommst du nicht mit uns?", schlug Baltasar vor. „Bring ihm ein Geschenk mit, wie wir es auch tun. Siehst du: Ich bringe ihm Gold und meine Begleiter haben Weihrauch und Myrrhe dabei."

„Oh", meinte Babuschka abwehrend. „Ich glaube nicht, dass ein neugeborener König mich sehen will. Und ein Geschenk habe ich auch nicht."

„Diese wunderbaren Gurken sind genau das Richtige für einen König!", rief Baltasar begeistert.

Babuschka lachte.

„Gurken? Für ein neugeborenes Kind? Ein Kind braucht Spielsachen!"

Sie schwieg. „Ich habe einen Schrank voller Spielsachen", sagte sie traurig. „Mein kleiner Sohn ist gestorben, als er noch ein Baby war."

Baltasar hielt sie davon ab, noch einmal in die Küche zu eilen, um neues Essen zu holen.

„Dieser neugeborene König könnte auch dein König sein", sagte er. „Komm mit uns, wenn wir heute abend weiterziehen."

„Ich ... ich werde es mir überlegen", seufzte Babuschka.

Während die Könige schliefen, putzte die alte Babuschka das Haus. So leise wie möglich räumte sie auf und brachte die Küche wieder in Ordnung. Die Gäste hatten viel zusätzliche Arbeit gemacht! Und dann dieser neugeborene König ... Babuschka schüttelte den Kopf. Was für eine merkwürdige Idee – mit den

Männern irgendwohin ziehen und ein kleines Kind suchen ...

Aber vielleicht könnte sie es ja doch tun? Was wäre, wenn sie diesen König tatsächlich finden würde? Babuschka schüttelte noch einmal den Kopf. Nein, sie hatte keine Zeit zum Träumen! Sie musste das Geschirr spülen und aufräumen und kochen ...

Aber Halt ... wie lange würde sie wegsein? Und was würde sie anziehen? Und wie war das mit den Geschenken?

Babuschka seufzte. „Nein, ich habe so viel zu tun. Das Haus muss geputzt werden, wenn die Männer fort sind. Ich kann doch nicht einfach alles so liegen lassen."

Am Abend packten die Männer ihre Sachen zusammen und traten vor die Tür. Es wurde schon dunkel draußen.

Da war er wieder, der helle Stern am Himmel!

„Bist du fertig, Babuschka?"

„Ich ... ich werde morgen nachkommen", rief Babuschka von drinnen. „Ich werde euch einholen. Ich muss nur noch hier putzen und dann ein Geschenk finden und mich fertig machen ..."

Die drei Männer winkten ihr traurig zu, als sie fortgingen. Der Stern stand genau über ihren Köpfen.

Babuschka beeilte sich, mit ihrer Arbeit weiterzukommen. Sie wischte die Fußböden, klopfte die Teppiche und Kissen aus, wischte den Staub von den Schränken ... die ganze Nacht hindurch.

Schließlich ging sie zu dem kleinen Schrank hinüber. Sie öffnete die Tür und blickte noch einmal traurig auf die Spielsachen darin. Ach du liebe Zeit, wie staubig die alle waren. Einem neugeborenen König konnte sie die Sachen unmöglich schenken! Sie mussten erst sauber gemacht werden. Am besten fing sie sofort damit an.

Babuschka putzte und putzte. Ein Teil nach dem anderen glänzte und strahlte wieder im Schein der Lampe. So! Jetzt war alles gut, jetzt konnte sie die Sachen einem Königskind schenken.

Babuschka sah aus dem Fenster. Die Morgensonne stand schon am Horizont, langsam wurde es hell. Von ferne hörte sie einen Hahn krähen. Sie blickte zum Himmel hinauf. Der Stern war verschwunden. Die Männer werden jetzt irgendwo in einem Haus einkehren und sich ausruhen, überlegte Babuschka. Es wird nicht schwierig sein, sie zu finden.

Auf einmal merkte sie, dass sie sehr, sehr müde war. Bestimmt konnte sie sich noch einmal kurz hinlegen – nur für eine Stunde.

Plötzlich war Babuschka hellwach. Es war stockdunkel in ihrem Haus. Sie hatte den ganzen Tag geschlafen! Sie rannte hinaus auf die Straße. Kein Stern zu sehen! Sie eilte zurück ins Haus, zog sich ihren Mantel über, stopfte eilig die Spielsachen in einen Korb und stolperte den Weg entlang, den die Männer am Abend zuvor genommen hatten.

Sie wanderte eilig von Dorf zu Dorf. Überall fragte sie nach den Fremden.

„O ja", sagte man ihr, „wir haben sie gesehen. Sie haben diesen Weg genommen."

Viele Tage vergingen. Babuschka konnte sie nicht mehr zählen. Die Dörfer, durch die sie kam, wurden immer größer und schließlich waren es Städte. Aber Babuschka gönnte sich keine Rast, weder am Tag noch in der Nacht.

Schließlich kam sie in eine große Stadt.

„Der Palast!", dachte sie. „Natürlich wird ein Königskind in einem Palast geboren."

„Hier ist kein Kind geboren", sagte die Palastwache.

„Und drei Reisende aus einem fernen Land? Habt ihr die gesehen?" Babuschka ließ nicht locker.

„Ja, doch, die sind hier gewesen. Aber nicht lange. Sind schon bald weitergereist."

„Wohin?"

„Nach Bethlehem, glaube ich. Weiß auch nicht, warum. Ist ein ganz armseliges Dorf. Aber dort wollten sie hin."

Babuschka machte sich eilig auf den Weg.

Es war Abend, als Babuschka endlich in Bethlehem ankam, müde und erschöpft. Wie viele Tage war sie jetzt schon unterwegs? Sie wusste es nicht.

Babuschka fragte sich, ob dies tatsächlich der richtige Ort war, an dem ein Königskind geboren war. Er sah überhaupt nicht danach aus. Er war nicht viel größer als das Dorf, wo sie herkam.

Wer konnte ihr helfen? Dort war ein Gasthaus, da wollte sie fragen.

„O ja", sagte der Wirt, „die Männer waren hier, genau vor zwei Tagen. Das war vielleicht eine Aufregung! Aber sie sind noch nicht einmal über Nacht geblieben."

„Und das Kind?", rief Babuschka. „War hier auch ein Kind?"

„O ja", sagte der Wirt. „Neulich ist hier auch ein Kind geboren. Die Männer fragten auch danach. Stell dir vor ..."

Als er die Enttäuschung in Babuschkas Gesicht bemerkte, brach er ab.

„Möchtest du sehen, wo das Kind gelegen hat?", fragte er. „Es ist dort drüben in dem alten Stall. Ich konnte den armen Eltern leider nichts Besseres anbieten. Mein Gasthaus war restlos überfüllt."

Babuschka folgte dem Wirt über den Hof.

„Hier ist es", meinte er hastig und ließ Babuschka allein.

„Babuschka?"

Jemand hatte ihren Namen genannt. Er stand dort im Dämmerlicht an der Stalltür und sah freundlich zu Babuschka herüber. Vielleicht wusste er ja, wo die Familie geblieben war? Babuschka musste es unbedingt erfahren. Sie wusste auf einmal, dass dieses Kind die wichtigste Sache der ganzen Welt war.

„Sie mussten nach Ägypten gehen und sich in Sicherheit bringen", erklärte der Unbekannte. „Und die drei Männer sind auf einem anderen Weg in ihre Heimat zurückgekehrt. Einer von ihnen hat mir von dir erzählt. Es tut mir Leid, aber – wie du siehst – du kommst zu spät. Die Hirten kamen sofort hierher, als die Engel es ihnen sagten. Auch die drei Männer machten sich sogleich auf den Weg, als sie den Stern gesehen hatten. Das Kind, das sie fanden, war Christus, der Retter der Welt."

III

Es heißt, dass Babuschka immer noch nach dem Christuskind sucht. Denn für die ganz großen und ganz wichtigen Dinge spielt die Zeit keine Rolle. Jahr für Jahr geht sie von Haus zu Haus und ruft: „Ist es hier? Ist das Christuskind hier?"

Besonders in der Weihnachtszeit soll sie unterwegs sein. Wenn sie dann ein schlafendes Kind sieht oder von einer guten Tat hört, holt sie ein Spielzeug aus ihrem Korb und lässt es als Geschenk zurück – für alle Fälle ...

Dann geht Babuschka weiter von Haus zu Haus, sucht und ruft: „Ist es hier? Ist das Christuskind hier?"

Ein großer Tag
für Vater Martin

Nach einer Erzählung von Leo Tolstoi

Vor vielen Jahren, ich weiß nicht, wie lange es genau
genau her ist, da lebte in einem kleinen Dorf im weiten Russland ein Schuhmacher. Er hieß Martin. Aber
niemand im Dorf nannte ihn einfach Martin, auch nicht
Herr Martin oder gar Schuster Martin. Wenn er ins Dorf
ging, grüssten ihn die Leute: „Guten Tag, Vater Martin",
denn alle hatten ihn gern.

Vater Martin war nicht reich. Alles, was er auf dieser
Welt besaß, war eine kleine Werkstatt mit einem Fenster
zur Dorfstraße hin. Hier lebte er, hier schlief er und hier
arbeitete er.

Aber Vater Martin war auch nicht arm. Er hatte alles,
was er zum Leben brauchte: sein Werkzeug, einen schönen gusseisernen Herd, auf dem er sein Essen kochte
und wo er sich die Hände wärmen konnte, einen knarrenden Korbsessel, in dem er gern saß und ein kleines
Schläfchen hielt, eine große Öllampe, die er anzündete,
wenn es dämmrig wurde, und ein bequemes Bett mit
einer Flickendecke.

Es gab genügend Leute, die neue Schuhe brauchten
oder alte repariert haben wollten, so dass Vater Martin

immer alle Hände voll zu tun hatte. Er besaß deshalb auch genug Geld, um sich Brot und Tee zu kaufen oder ein wenig Kohl für eine warme Suppe am Abend.

Vater Martin war immer fröhlich – oder doch fast immer. Seine Augen zwinkerten dann verschmitzt hinter der kleinen runden Nickelbrille. Er sang und pfiff den ganzen Tag bei der Arbeit vor sich hin und grüsste fröhlich die Menschen, die an seinem Fenster vorübergingen.

Aber einmal war alles anders. Es war Heiligabend und Vater Martin stand traurig am Fenster. Er dachte an seine Frau, die vor vielen Jahren gestorben war, und an seine Söhne und Töchter. Sie waren längst erwachsen und fortgezogen. An diesem Tag feierten sie alle zu Haus bei ihren Familien. Nur Vater Martin war ganz allein.

Vater Martin schaute die leere Dorfstraße hinauf und hinunter. Aus allen Fenstern fiel das warme Licht von Kerzen und Lichtern. Er hörte die Kinder lachen und über ihre Geschenke jubeln. Der Duft von Gebratenem und Gebackenem drang durch alle Fenster- und Türritzen seiner Werkstatt.

„Kinder, Kinder!", seufzte Vater Martin, zwirbelte an seinen Schnurrbarthaaren und schüttelte bedächtig den Kopf. Dann zündete er die Öllampe an, ging zu dem hohen Regal hinüber und holte ein altes Buch mit braunem Einband herunter.

Er setzte eine Kanne mit Tee auf den Herd und machte es sich in seinem Lehnstuhl bequem. Dann begann er zu lesen.

Nun müsst ihr wissen, dass Vater Martin niemals eine Schule besucht hatte. Darum fiel ihm das Lesen auch sehr schwer. Mit dem Zeigefinger verfolgte er Wort für Wort, während er laut und stockend las.

Es war die Weihnachtsgeschichte. Er las von Maria und Josef und von Jesus, der in einem Stall geboren wurde, weil in dem Gasthof, wo seine Eltern übernachten wollten, kein Zimmer frei war.

„Kinder, Kinder", murmelte Vater Martin und zwirbelte wieder an seinem grauen Schnurrbart. „Wenn sie zu mir gekommen wären, dann hätten sie in meinem guten Bett schlafen können. Ich hätte den kleinen Jungen mit einer warmen Decke zugedeckt. Wie schön wäre es, an Weihnachten Besuch zu bekommen, und erst mit einem kleinen Kind!"

Draußen kroch der Nebel ums Haus. Vater Martin musste die Lampe heller drehen. Er stand auf und schürte das Feuer im Ofen. Dann goss er sich eine Tasse Tee ein und las weiter.

Er las von reichen Leuten, die von weither durch die Wüste geritten kamen. Sie brachten wertvolle Geschenke für das Jesuskind mit: Gold und kostbare Gewürze.

„Kinder, Kinder!", seufzte Vater Martin. „Wenn Jesus zu mir gekommen wäre, hätte ich gar nichts für ihn gehabt." Doch dann lächelte er und seine Augen funkelten hinter der kleinen runden Brille. Er stand vom Tisch auf und schlurfte zu dem hohen Regal. Oben stand eine staubige Schachtel, die fest verschnürt war. Er öffnete sie und holte ein Paar winzige Schuhe daraus hervor. Vater Martin betrachtete die kleinen Schuhe liebevoll. Es waren die schönsten Schuhe, die er jemals gemacht hatte: die ersten Schuhe seiner Kinder.

Sorgfältig packte er sie wieder ein. Dann rückte er den Lehnstuhl zurecht. „Die kleinen Schuhe hätte ich ihm gegeben", murmelte er. Dann seufzte er tief und las weiter.

Ob es nun an der wohligen Wärme im Zimmer lag oder weil es spät geworden war – jedenfalls dauerte es nicht lange, bis Vater Martins Finger aus dem Buch glitt. Seine kleine runde Brille rutschte ihm von der Nase – und Vater Martin war fest eingeschlafen.

Draußen wurden die Nebelschwaden immer dichter. Wie Schatten huschten sie an seinem Fenster vorüber. Aber Vater Martin schlief fest und schnarchte leise.

Plötzlich hörte er deutlich eine Stimme: „Vater Martin!" Der alte Mann sprang auf. Sein grauer Schnurrbart zitterte. „Wer ist da?", rief er. Ohne Brille konnte er nur schlecht sehen, aber im Zimmer schien niemand zu sein.

„Vater Martin!", hörte er wieder die Stimme. „Du hast dir gewünscht, dass ich dich besuche. Achte morgen auf die Straße. Denn morgen werde ich zu dir kommen. Aber pass genau auf, damit du mich erkennst; denn ich sage dir nicht, wer ich bin."

Dann war alles wieder still. Vater Martin rieb sich die Augen. Das Feuer im Ofen war niedergebrannt und die Lampe war erloschen. Draußen hörte er von überallher Glocken läuten: Heute war ja Weihnachten!

„Das war er", sagte der alte Mann zu sich selbst. „Das war Jesus."

Nachdenklich zwirbelte er an seinem Schnurrbart. „Vielleicht habe ich auch bloß geträumt? – Nun, ich werde jedenfalls morgen genau aufpassen. – Aber woran soll ich ihn erkennen? Er ist ja kein kleines Kind geblieben. Später war er ein erwachsener Mann, ja, ein König. Man sagt sogar, er war Gott selber."

Vater Martin wiegte den Kopf. „Kinder, Kinder!", murmelte er, „ich muss gut aufpassen."

Vater Martin ging in dieser Nacht nicht mehr ins Bett. Dazu war er viel zu aufgeregt. Er saß in seinem Lehnstuhl, schaute immer wieder aus dem Fenster und beobachtete aufmerksam die ersten Leute, die am frühen Morgen an seinem Haus vorüberhasteten.

Zögernd krochen die ersten Sonnenstrahlen über den Horizont und vergoldeten das Kopfsteinpflaster der Straße. Vater Martin wartete. Aber niemand kam.

„Ich will mir rasch einen kräftigen Tee kochen", dachte Vater Martin voller Vorfreude. „Aber ich werde das Fenster dabei nicht aus den Augen lassen."

Vater Martin wartete.

Endlich tauchte am Ende der kleinen Gasse ein Mann auf. Gespannt presste Vater Martin sein Gesicht an die eisige Scheibe. War es Jesus? Doch als der Mann näher kam, trat Vater Martin enttäuscht zurück. Es war der alte Straßenkehrer, der jede Woche mit einem Reisigbesen die Straße fegte.

Vater Martin ärgerte sich ein wenig. Schließlich hatte er Besseres zu tun, als nach einem alten Straßenkehrer Ausschau zu halten. Er erwartete doch den König Jesus. Enttäuscht wandte er sich vom Fenster ab.

Er wartete, bis der alte Mann vorübergegangen sein musste, und spähte dann wieder nach draußen. Doch der Straßenkehrer war auf der gegenüberliegenden

Straßenseite stehengeblieben. Er stützte sich schwer auf seinen Besen, rieb sich die Fäuste und stapfte mit den Füßen. Wahrscheinlich fror der alte Mann erbärmlich. Und überhaupt, dass er an Weihnachten arbeiten musste!

Vater Martin bekam Mitleid. Er klopfte an die Fensterscheibe, aber der Alte hörte es nicht. Darum öffnete Vater Martin die Tür einen Spalt breit.

„He", rief er. „He, Brüderchen!"

Der alte Mann blickte erschreckt um sich – die Leute behandeln einen Straßenkehrer oft sehr unfreundlich. Aber Vater Martin lächelte. „Wie wäre es mit einem Tässchen Tee?", fragte er. „Du siehst aus, als ob du bald zu einem Eiszapfen erstarrt bist."

Der Straßenkehrer ließ sich nicht zweimal bitten. „Vergelt's Gott", murmelte er verlegen, als er in die warme Schuhmacherwerkstatt trat. „Das ist sehr gütig von Euch, Väterchen, sehr gütig."

Vater Martin goss ihm aus der Kanne heißen Tee ein. „Nicht der Rede wert", sagte er über die Schulter. „Schließlich feiern wir heute Weihnachten."

„Ach ja, Weihnachten. – Dies ist mein einziges Weihnachtsgeschenk." Der alte Mann schnäuzte sich. Während er am Ofen saß, dampften seine feuchten Kleider und verbreiteten einen säuerlichen Geruch.

Vater Martin kehrte zu seinem Platz am Fenster zurück und beobachtete weiter die Straße.

„Wartest wohl auf Besuch?", fragte der alte Straßenkehrer mit rauher Stimme. „Ich bin ungelegen, stimmt's?"

Vater Martin schüttelte beschwichtigend den Kopf. „Nein, ich ... Nun ja, hast du schon mal etwas von Jesus gehört?"

„Gottes Sohn?", fragte der alte Mann.

„Ja. Er will heute zu mir kommen", erklärte Vater Martin. Dann erzählte er, was sich in der Nacht zugetragen hatte.

Der Straßenkehrer stellte seine Tasse beiseite und schüttelte versonnen den Kopf: „Nein, was es alles gibt!", sagte er. „Viel Glück, und vielen Dank für den Tee." Dann ging er.

Vater Martin folgte ihm bis zur Tür und winkte ihm nach. Eine blasse Wintersonne stand nun am Himmel. Ihre Strahlen gaben gerade so viel Wärme, dass auf den Pflastersteinen und an der Fensterscheibe das Eis zu tauen begann.

Jetzt waren noch mehr Leute unterwegs. Ein paar Betrunkene wankten nach einer durchzechten Nacht heim. Familien in feinen Kleidern eilten vorüber – freundlich nickten sie Vater Martin zu, als sie ihn vor seiner Werkstatt stehen sahen. „Fröhliche Weihnachten, Vater Martin!", riefen sie.

Der Schuhmacher nickte und lächelte zurück, aber Lust zu einem Schwätzchen hatte er nicht. Diese Leute kannte er alle mit Namen. Er wartete jedoch auf einen anderen Gast.

Gerade wollte Vater Martin die Tür wieder zu ziehen, da fiel sein Blick auf eine zerlumpte Gestalt. Es war eine junge Frau. Sie trug ein Kind auf dem Arm und sah abgemagert und erschöpft aus.

„Hallo!", rief Vater Martin, „wollt ihr nicht hereinkommen und euch ein wenig aufwärmen?" Ängstlich blickte die Frau auf. Sie schien einen Augenblick zu überlegen, ob sie nicht besser wegrennen sollte. Aber dann sah sie die fröhlichen Augen hinter Vater Martins Brille.

„Sie sind ein guter Mensch", sagte die junge Frau, als sie in das kleine Zimmer trat. Vater Martin zuckte mit den Achseln. „Hast du noch einen weiten Weg vor dir – mit dem Kind?", fragte er.

„Bis ins nächste Dorf ist es ein gutes Stück", antwortete sie leise. „Dort habe ich Verwandte, bei denen wir vielleicht bleiben können. Ich habe keinen Mann, wissen Sie ..."

Vater Martin nahm das kleine Kind auf den Arm. „Wollt ihr etwas Brot und Suppe mit mir essen?", fragte er. Aber die Frau schüttelte stolz den Kopf.

„Aber wenigstens etwas Milch für den Kleinen, ich mache sie schnell auf dem Herd warm. Keine Sorge", Vater Martin zwinkerte mit den Augen, „ich habe selber Kinder gehabt."

Das Kind lachte und strampelte mit den Beinen. „Kinder, Kinder", sagte Vater Martin kopfschüttelnd, „der arme Kleine hat ja gar keine Schuhe an!"

„Dafür haben wir kein Geld", seufzte die junge Frau bitter.

Vater Martin zwirbelte an seinem Schnurrbart. Ein Gedanke machte ihm zu schaffen. Die Schachtel auf dem hohen Regal! Die kleinen Schuhe, die er vor langer Zeit gemacht hatte!

Vater Martin nahm zögernd die Schachtel vom Regal. Die Schuhe passten dem Kleinen, als wären sie extra für ihn angefertigt worden.

„Hier, nehmen Sie diese", sagte Vater Martin. Die junge Frau war überrascht. „Wie kann ich Ihnen nur danken?", rief sie glücklich.

Aber Vater Martin hörte schon nicht mehr richtig zu. Verstohlen blickte er zum Fenster hinaus.

„Ist irgendetwas nicht in Ordnung?", fragte die Frau besorgt.

„Heute ist doch Weihnachten", sagte Vater Martin. „Da kam Jesus zur Welt."

Die Frau nickte.

„Jesus will heute zu mir kommen", erklärte Vater Martin, „er hat es mir versprochen." Und dann erzählte er von seinem Traum – wenn es wirklich nur ein Traum war.

Die junge Frau hörte aufmerksam zu. Sie schien den Worten des alten Schuhmachers nicht ganz zu glauben, aber zum Abschied drückte sie ihm dankbar die Hand. „Ich hoffe, dass er kommt", meinte die Frau. „Sie haben es wirklich verdient. Sie waren so gut zu mir und zu dem Kind."

Vater Martin schloss die Tür hinter der Frau. Dann stellte er den Topf mit der Kohlsuppe aufs Feuer und kehrte zu seinem Fensterplatz zurück.

Die Stunden vergingen. Vater Martin schaute sich jeden der Menschen genau an, die an seinem Fenster vorüberkamen. Aber Jesus war nicht darunter.

Plötzlich bekam er Angst. Vielleicht war Jesus vorbeigegangen und er hatte ihn nicht erkannt. Vielleicht war er ganz schnell gegangen, gerade als Vater Martin für ein paar Sekunden nach dem Feuer oder nach der Suppe geschaut hatte ... Er rannte zur Tür.

Draußen waren allerlei Menschen unterwegs. Kinder, alte Männer und Frauen, Bettler, fröhliche und griesgrämige Leute. Einige grüßte er mit einem Lächeln, andere nur mit einem Nicken.

Aber Jesus war nicht darunter.

Als es dämmrig wurde und der graue Dezembernebel wieder durch die Straßen kroch, zündete der Schuster traurig seine Öllampe an und setzte sich in den Lehnstuhl. Er nahm wieder das Buch zur Hand. Aber sein Herz war zu schwer und seine Augen zu müde, um die Worte zu entziffern.

„Es war doch alles nur ein Traum", dachte er verzagt. „Und ich hatte mich so darauf gefreut, dass Jesus zu mir kommt." Tränen stiegen in seine Augen, so dass er kaum noch etwas sehen konnte.

Doch plötzlich war ihm, als sei er nicht mehr allein im Zimmer. Zogen da nicht Menschen durch die Werkstatt? Vater Martin wischte sich die Tränen aus den Augen. Waren das nicht der Straßenkehrer und die junge Frau mit dem Kind – all die Leute, die er heute gesehen und gesprochen hatte?

„Hast du mich nicht erkannt? Hast du mich wirklich nicht erkannt, Vater Martin?", fragten sie im Vorbeigehen.

„Wer seid ihr?", rief der alte Schuhmacher. „Sagt es mir!"

Da hörte Vater Martin dieselbe Stimme wie in der Nacht zuvor, obwohl er nicht hätte sagen können, woher sie kam:

„Ich bin hungrig gewesen und ihr habt mir zu essen gegeben. Ich bin durstig gewesen und ihr habt mir zu trinken gegeben. Ich bin ein Fremder gewesen und ihr habt mich aufgenommen. Ich bin nackt gewesen und ihr habt mich gekleidet. Wo immer du heute einem Menschen geholfen hast, da hast du mir geholfen!"

Dann war alles wieder still.

„Kinder, Kinder!", murmelte Vater Martin leise und zwirbelte an seinem grauen Schnurrbart. „Dann ist er also doch gekommen! Dann hat Jesus mich tatsächlich besucht!"

Er lächelte und seine Augen zwinkerten fröhlich hinter der kleinen runden Nickelbrille.

Quellenverzeichnis

JENNY ROBERTSON, Der König im Stall. © Lion Publishing, Oxford. Nach dem gleichnamigen Bilderbuch, erschienen im Brunnen Verlag, Gießen, 7. Auflage, 1997.

ANGELA ELWELL HUNT, Der Traum der drei Bäume. © Lion Publishing, Oxford. Nach dem gleichnamigen Bilderbuch, erschienen im Brunnen Verlag, Gießen, 3. Auflage, 1994.

JELLA LEPMANN, David und die Weihnachtsgeschichte, aus: dies., Vogellinchen. Die schönsten Gute-Nacht-Geschichten, Bd. 4. © Europa Verlag, Zürich, 1968.

KAY KINNEAR, Anna-Magdalena bekommt eine Krone, aus: dies., Anna-Magdalena – und schon geht's los, Brunnen Verlag, Gießen, 2. Auflage, 1995.

MARYLYN TURCOTTE, Als Mama die Weihnachtsstimmung verlor. Abdruck mit freundlicher Genehmigung der Autorin. © der deutschen Übersetzung: Brunnen Verlag, Gießen, 1997.

WALTER FARQUAHARSON, Ninas große Frage. Abdruck mit freundlicher Genehmigung des Autors. © der deutschen Übersetzung: Brunnen Verlag, Gießen, 1997.

LISELOTTE HOFFMANN. Das vergessene Jesuskind. Abdruck mit freundlicher Genehmigung der Autorin.

EVA RECHLIN, Die Weihnachtsburg. Abdruck mit freundlicher Genehmigung der Autorin.

CHRISTA STEEGE, Nikolaus, der Bischof von Myra. Aus: Gertrud Mielitz, „Sei uns willkommen, schöner Stern", © Verlag Ernst Kaufmann, Lahr.

MIG HOLDER, Die weite Reise. © Angus Hudson Ltd, London. Nach dem gleichnamigen Bilderbuch, erschienen im Brunnen Verlag, Gießen, 1993.

LENE MAYER-KUMANZ, Der kleine Hirte und der große Räuber, nach dem gleichnamigen Bilderbuch, © Patmos Verlag, 1994.

BARBARA CRATZIUS, Vom Hirten, der nicht nach Bethlehem ging. Abdruck mit freundlicher Genehmigung der Autorin.

ARTHUR SCHOLEY, Babuschka. © Lion Publishing, Oxford. © der deutschen Übersetzung: Brunnen Verlag, Gießen, 1997.

MIG HOLDER nach Leo Tolstoi, Ein großer Tag für Vater Martin. © Lion Publishing, Oxford. Nach dem gleichnamigen Bilderbuch, erschienen im Brunnen Verlag, Gießen, 7. Auflage, 1997.

Weitere spannende Erzählungen

Avril Rowlands

Wozu braucht ein Eisbär Honig?

Neue Geschichten aus der Arche

156 Seiten
Gebunden
ISBN 3-7655-6553-9

Herrn Noahs Augen wurden feucht. Keine Frage, er war viel zu alt für solche Aufregungen. „Ich kann es nicht", dachte er, als er die Schimpansen erblickte, die sich nach Flöhen absuchten.
„Soll ich eigentlich auch zwei Flöhe mit in die Arche nehmen?"
Von Flöhen hatte Gott gar nichts gesagt. Flöhe sind noch das kleinste Problem von Herrn Noah: Da gibt es noch einen Eisbär, der keine Freunde findet, einen Papagei, der alle an der Nase herumführt und eine Giraffe, die ständig über ihre eigenen Beine stolpert. Eines Tages stellt sich sogar heraus, daß zwei Holzwürmer auf der Arche ihr Unwesen treiben ...

Von Avril Rowlands ist ebenfalls erschienen:
„Das Stinktier kann doch nichts dafür" und andere Geschichten aus der Arche.
156 Seiten, 2. Auflage, gebunden, ISBN 3-7655-6268-8.

BRUNNEN VERLAG GIESSEN

Kari Vinje

Pelle
und der unsichtbare Freund

88 Seiten
Gebunden
ISBN 3-7655-6298-X

Was würdest du tun, wenn du plötzlich ein Loch in der
Gartenhecke entdeckst? Würdest du hindurchklettern?
Genau das hat Pelle getan. Und dann ... Nein, mehr verrate
ich dir jetzt nicht. Was Pelle auf der anderen Seite der Hecke
erlebt hat, das liest du am besten selbst.

BRUNNEN VERLAG GIESSEN